武漢近代工業史

——第三冊

唐惠虎、李靜霞、張穎　主編

目録

第二冊

第三冊

第四冊

第七章 ———

抗戰初期武漢工業內遷的艱難歷程與重大意義

　　晚清武漢曾經是與上海相提並論的工商業重鎮，鋼鐵與軍事工業堪稱國內翹楚。進入民國後，武漢工業發展儘管一波三折，多歷坎坷，但總趨勢是在晚清開創的基礎上有所進步。按照當時的社會經濟發展趨勢判斷，武漢工業將會具有一個較好的發展前景。不料，日本帝國主義的全面侵華戰爭，徹底破壞了中國正常的社會秩序，給中國造成空前的民族災難，迫使武漢數以百計的工廠為躲避日寇，向中國西南抗戰大後方轉移。在充滿艱險困苦的長途搬遷旅途中，工廠資本家與員工九死一生，付出了血與生命的代價。

第一節 ▶ 武漢工業內遷的艱難歷程

一、抗戰爆發前武漢工業發展狀況

　　二十世紀三〇年代初，南京國民政府先後出臺了一些規範性檔，如《獎勵工業技術暫行條例》《特種工業獎勵法》《小工業及手工藝獎勵規則》《發給國貨證明書規則》等，以促進工業發展。湖北、武漢地方政府也審時度勢，於一九三〇年前後出臺了減輕稅賦，提倡國貨，獎勵公私企業發展等政策，同時還通過發放貸款以扶持工商業發展。另外，一九三一年日本在中國東北製造「九一八」事變，引發了中國民眾廣泛持續的抵制日貨、宣導國貨運動，也給武漢工業擴大國內市場帶來特殊的機遇。隨著民航、鐵路、公路、水運、郵電等現代交通通訊事業的發展，到三〇年代中期，武漢工業開始出現繁榮局面。

紡織業方面，一九三五年後，生產形勢基本好轉，工廠雖日夜開工，產品仍供不應求，各廠在一九三六年、一九三七年均獲厚利。如武昌震寰紗廠一九三六年獲利 50 萬元，一九三七年獲利達 185 萬元；武昌第一紗廠由復興公司承租後不到兩年即獲利 500 多萬元；由魯履安承租的民生公司，由原虧損 80 萬元，變為盈利 300 萬元；申新第四紗廠一九三五年後因盈利而增加紗錠 5500 枚，共有紗錠 5 萬枚，布機 875 臺，一九三六年還新開了漂染廠，成為棉紡織和印染全能工廠。湖北官布局在一九三八年有紗錠 40592 枚，織布機 648 臺，每月承制軍用布 45000 匹。一些原來停產、倒閉的中小廠家，也陸續開工發展起來。據統計，一九三七年武漢紗錠數達到 297192 枚，布機 6825 臺。武漢地區僅染織廠就達 50 多家，毛巾廠達 24 家。紡織業產銷兩旺，前所未有。

機械工業方面，在抗戰全面爆發前有工作母機 3340 臺。造船業發展很快，當時武漢民營修造船舶的工廠發展到 22 家，極一時之盛。其中江漢造船廠於一九三七年與武昌機器廠合併，改歸省營，成為以修造船舶為主的大型船廠，能夠製造 5000 噸級的拖輪。機器廠具有一定發展。到一九三六年，武漢有官營機器廠 2 家，即漢陽兵工廠與武昌機器廠；民營機器廠 100 餘家，總資本 35 萬元，年產值 64 萬元，使用動力機械 90 臺，工人 1543 人。資本在萬元以上、產品較精的機器廠有周恆順、呂方記、冠昌、呂錦記、中國煤氣機廠、胡尊記、新華、善昌、精藝昌、伍升昌等。其中，周恆順機器廠於一九三五年後陸續更新設備，引進英、德等國家先進車床、刨床等 60 多臺，動力由蒸汽機改為

煤氣機和柴油機，職工增加到 200 多人，設有 4 個工廠，採取西方管理方法設置機構，使產值一九三七年達 100 多萬元，成為全國產品最精良的 9 家民營機器廠之一。糧油加工業方面，經過 20 年代末、30 年代初的蕭條後，也逐漸復蘇並很快發展。漢口福新麵粉廠規模最大，資本額 1500000 元，年產值 6000000 元，短短幾年，盈利達 289 萬元。漢陽五豐製粉廠，資本 35 萬元，年產值 250 萬元，有柴油機、煤氣機各 1 部，年產麵粉 54 萬包，產量僅次於福新而居第二位。其他一些中小麵粉廠也有十分可觀的盈利。武漢再度成為華中地區製粉中心，產量僅次於上海、哈爾濱、天津，居全國第四位。碾米業不斷有新增廠家出現，一九三六年增加到 176 家，總資本 66.7 萬元。榨油業一九三六午已達 12 家，武漢成為國內植物油工業中心，當時，華南地區豆餅需用量一半由武漢供應。

　　輕工業方面，印刷業自一九三五年後逐漸回升。一九三七年上半年，武漢有大小印刷廠達 270 多家，工作機 1100 臺，職工 1 萬餘人。規模較大的武漢印刷廠職工常在 100 人左右，業務繁忙時達 300-400 人。捲煙行業除外國資本開設的英美煙公司外，共有捲煙企業 6 家，為華中最大的捲煙產地。其中發展最快的是南洋兄弟煙草公司漢口分公司，到一九三七年，該公司捲煙機增至 29 臺，工人 600 餘人，月產煙 2500 箱，所產「千秋」「金釜」大小「長城」牌香煙，在長江流域的九江、長沙、重慶等地暢銷，年產值達 8700 萬元。食品飲料業廠家較多，達 77 家。日用化工企業次之，也達 56 家。其中肥皂業所占比重較大，一九三七年有 30 餘家，日產洗衣皂 6 萬箱，香皂 8 萬打，產品行銷華

中廣大城鄉。制漆業也有一定發展，一九二八年建立的建華機製油漆股份有限公司，開始生產時月產量不足十噸，一九三六年經改組增資後，月產油漆達一百五十噸以上。

‧一九三八年一家漢口大型煙廠的女工集合待命，準備撤離武漢

電池業方面，漢口大公牌電池製造廠規模較大，日產電池五千支左右；製革業方面，有省屬製革廠、民營漢中製革廠等，其中漢口張之山皮坊生產的黃色漢紋皮質量上乘，曾獲湖北區第一次國貨展覽會特等獎。

二十世紀三〇年代中期的武漢，在民族工業獲得長足發展的同時，外資所辦企業也有所增加。到一九三七年，先後有德、英、美、日、法、意、俄、荷、比利時、西班牙、丹麥、瑞士、瑞典、澳大利亞等國在漢開辦企業一百五十六家，除少數企業如漢口打包廠、恆豐麵粉廠、金龍麵粉廠、福中澄油廠等外，大多數均為外商獨資企業。這些外資企業在對中國進行經濟剝削的同時，也把一些新的技術和先進管理方式帶到武漢。

這一時期，是民國武漢工業發展的最好時期，儘管在全國工業城市排名中，和晚清之際相比，位次發生後移，但仍占重要地位。據官方統計，一九三六年底，武漢有民營工廠五百一十六家，其中，漢口四百零八家，資本總額 3982.7548 萬元，年產值 16756.66 萬元；武昌五十八家，資本總額 588.66 萬元，年產值 2342.9273 萬元；漢陽五十家，資本總額 153.32 萬元，年產值

754.074 萬元。另有官營工廠二十家。武漢工業的廠家、資金額、年產值分別占湖北省工業的 94％、99％、92％ [1]。另據《抗戰兩年來湖北省公私損失統計・工業概說》，抗戰爆發前武漢有民營工廠六百零三家，占湖北全省民營工廠七百四十九家的 80％[2]。武漢工業在全國的排名，次於上海、天津、無錫居第四位，資金額、年總產值居第五位。

二、拆遷工作的動員與組織

一九三七年「七七」事變後，日本侵略者大舉南下，矛頭直指中國工業中心上海，於是在八月十三日爆發了淞滬會戰。此間，為減少中國工業損失，增加大後方抗戰力量，國民政府動員組織上海及沿江工廠內遷。一九三七年十二月前後，上海等地一百七十家民營工廠陸續遷到武漢。

當時武漢本地工廠，按所有制劃分，主要有國營、省營、民營三種。其中國營的有屬於軍政部的漢陽鐵廠、漢陽兵工廠、漢陽火藥廠，以及接管的日商泰安紗廠，屬於財政部的諶家磯造紙廠，屬於鐵路局的幾個機械廠。湖北省屬有官布局、官紗局、官麻局、官磚廠、武昌水電廠、白沙洲造紙廠、官紙印刷局、寶善米廠、航務處修船廠等。從數量看，國營和省營工廠共二十餘家，民營企業有六百零三家，居絕大多數。上述工廠統計以及本

1　湖北省政府秘書處統計室編《湖北年鑑》，1937 年。
2　湖北省檔案館 Ls2-1-146。

文所說內遷企業損失，概以擁有
機電動力和生產機器的工廠為
限，不拘人數多少，各類手工作
坊不包括在內。

　　根據武漢工廠三種不同的所
有制形式，國民政府相應組織了
三個拆遷機構。一是直屬軍政部
的鋼鐵廠遷建委員會，負責拆遷
漢陽鋼鐵廠、漢陽兵工廠及大冶
鐵礦設備；二是湖北省建設廳組
建的鄂省廠礦遷建委員會，負責

·負責工廠物質內遷工作的民生公司
總經理盧作孚

湖北省屬工廠的拆遷；三是隸屬於經濟部的工礦調整處，負責全
面督導協調武漢民營、官營工廠的拆遷，任務最為繁重。該處是
一九三八年三月初由軍委工礦調整委員會和廠礦遷移監督委員會
合併改組而來，由經濟部長翁文瀚兼任處長，張茲闓任副處長，
下設總務、業務、財務三組，林繼庸、李景潞分任業務組正副組
長。與此同時，交通部還成立了水道運輸管理處，負責調度長江
上的所有船隻。

　　一九三七年十二月二十九日，一九三八年一月二日、三月二
十二日，工礦調整委員會根據戰爭形勢的變化，多次召集武漢各
紗廠負責人開會，討論工廠搬遷問題。鑑於東南滬、蘇、錫、常
一帶紗廠未能搬遷內地，抗日大後方軍民急需被服的狀況，工礦
調整委員會宣佈武漢內遷紗廠總紗錠不得少於五萬錠，具體分配
震寰、裕華紡織廠三萬錠，申新第四紗廠二萬錠，並初步擬定了

首批從漢搬遷的重點企業及搬遷地點。

　　一九三八年六月，日軍由皖北向武漢逼近，長江馬當防線一度告急，在此情況下，從上海遷到武漢的工廠一百七十餘家再度內遷。七月中旬，日軍侵入湖北省境，鄂東成為主要戰場，武漢本地企業內遷刻不容緩。工礦調整處以政令的方式制定了武漢三鎮工廠遷拆選擇標準，要求執行。這些標準分為 3 類 14 條：一、紡織染廠類。1.國人經營的紗廠全部拆遷；2.拆遷的紗廠，所有布機一律隨廠拆遷；3.小型織布廠亦設法協助內遷；4.染廠的遷拆及地點分配，均以能適應該地方需要而定。二、機器五金類工廠。1.資財在五千元以上，規模較大者，令其獨遷；2.設備雖較簡陋，但能製造兵工器或能承制某項器材部件者，讓其自行合組，遷往一處聯合工作；3.所有原動力設備，一律拆遷；4.个擬拆遷工廠，其優良技工協助遷往後方給予工作；5.各廠所有生鐵廢料，儘量遷拆備用，免予資敵。三、其他各類工廠。1.資財在五千元以上者；2.設備較新者；3.後方有需要者；4 設備機具與其他工業有關者；5.該項技術為後方所缺乏者。上列工廠均在拆遷之列。至於遷建地點，工礦調整處確立了兩條原則：第一，宜選定若干中心地點，充實其動力與設備，使各種工業依其性質，得有適當發展；第二，選擇離海岸較遠的安全地帶，依靠舊有的經濟中心，因地制宜，建立工廠。在這兩原則指導下，武漢工廠多被指定遷往四川、湖南、陝西、廣西等地。

　　拆遷標準和遷建原則確定後，工礦調整處隨即派人到各廠督導協助拆遷。為了爭取時間，工礦調整處在漢陸續招募青年技術人員七百多人，連同上海內遷來漢的二千五百名技術工人，分成

若干工作隊前往各廠。他們對拆遷的每一處設備，都要經過計畫、繪圖、標記、拆卸、裝箱、登記、搬運、裝船、領護照、報關、辦保險，以及寫工作報告等一系列繁瑣手續，還要隨機應付拆遷遇到的各種各樣的問題。工礦調整處的工作人員與技術人員在大敵當前、形勢危急時刻，不顧個人安危得失，以高度認真負責的精神，與工廠職工一起夜以繼日地工作，其崇高的愛國精神至今令人感佩不已。為了協助工廠內遷，國民政府起初規定，內遷企業運輸費用全部由政府承擔，後為減輕政府負擔，改為低息貸款，並決定主要對製造業予以協助，其行業包括：（一）製造工業用品的，如金屬，機器、皮革，橡膠等製造廠；（二）製造日用工業品的，如棉、絨、糖、紙等製造廠；（三）製造供內地生產所用的物品，燃料、水泥、酸類、蘇打、酒精等製造廠。

面對政府的內遷動員和要求，起初多數武漢民營企業舉棋不定，心存觀望。以棉紡織業為例，由於華北、東南沿海的紗廠淪落敵手，武漢各紗廠接受軍方訂貨很多，開工充足，廠主為貪戀高額利潤，內心不願搬遷，採取拖延辦法。有的企業主直到日軍進犯九江時仍心存幻想，認為即使武漢保不住，但戰爭不可能長期持續下去，必有議和之日。到那時，我軍獲勝，武漢自然由我掌握，且有成為首都的可能；若我國戰敗，割地求和，最多割去上海、南京或蕪湖、九江以東地區，武漢及西南地區仍會留給我們。基於這種分析，他們打算，敵人來了，就將工廠關閉，躲到鄉下去；敵人走了，再回來重理舊業。在此情況下，拆遷進行緩慢。進入八月，戰爭形勢進一步緊張，當時各大紗廠與電廠尚在開工。一九三八年八月五日，蔣介石手令武漢各紗廠及其他各廠

限期拆遷，否則一律炸毀。漢口市長吳國楨立即召集各有關機關與各紗廠代表開會討論工廠搬遷事宜，對有關拆遷事項作出具體規定：一、各紗廠拆遷機件應按性質之重要分別緩急，依照紗錠、動力、布機、物料依次辦理；二、限兩周之內一律拆遷完畢，否則即行炸毀；三、限定八月八日起停工。以上各項由武漢衛戍司令部與工礦調整處分別往各廠監督執行。七日，工礦調整處再次召開各紗廠代表會議，決定限日停止生產，立即拆卸裝運，並將原來要求內遷紗錠不少於五萬枚的目標，提高到將湖北省紡織工廠全部內遷。隨後，工礦調整處聯合政治部、交通部、武漢行營、衛戍司令部、漢口市政府、新生活運動促進委員會婦女指導委員會、賑濟委員會，督促強行拆遷武漢的工廠，對於拆遷機件的員工，一律發給識別字號，免被征役。內遷工人所需交通工具和食宿，由工礦調整處與賑濟委員會辦理。對隨同遷移的童工、女工及工人家屬，凡赴陝西者，平漢鐵路局准免車費；內遷工廠所需車輛由平漢鐵路局車務處負責；對於不隨工廠內遷的工人，每人發給疏散費二十元，八月份上半月工資以十五天計算。各紗廠工人救濟費責成各紗廠負責，其中申新紗廠十五萬元，大成紗廠七萬元，裕華紗廠十四萬元，復興紗廠三十五萬元，合計七十一萬元。

　　事已至此，各廠主別無選擇。到八月中旬，按工礦調整處要求著手拆遷者有：太平洋肥皂廠、建華油漆廠等化工企業八家，周恆順、胡尊記、萬聲記、中國煤氣機廠等機器翻砂企業八十二家，隆昌、亞東、和興、國華等織染企業三十二家，五豐麵粉廠、南洋兄弟煙草分公司等食品輕工企業六家，共一百五十餘家

[3]。到武漢棄守前夕，經工礦調整處協助並登記的內遷民營廠礦，包括外地遷漢企業與武漢本地企業共為三百零四家，搶運民營工廠物資五萬一千一百八十二噸，加上從武漢遷出的國營和省營工廠的設備、物資，共十點八萬噸，技術員工一萬餘人。為此，工礦調整處支付經費一千三百萬元。武漢內遷工廠行業分類與區域分布，見表[4]：

表 7-1 湖北省抗戰期間各工廠拆遷概況表

廠名	原設廠址	現遷廠址	機料噸數（噸）	拆遷費用（元）	備註
總　計			40541.1	1208992	
洪發利機器廠	漢口	重慶	28.0	2200	
複鑫祥機器廠	同上	同上	6.0	550	
永和機器廠	同上	同上	5.0	700	
秦鴻記機器廠	同上	同上	21.2	720	
周複泰機器廠	同上	同上	18.0	620	
振華機器廠	同上	同上	25.0	10000	
新華機器廠	同上	同上	9.5		
黃運興五金廠	同上	同上	8.5		
周義興機器廠	同上	同上	3.0	150	
方興發機器廠	同上	同上	60.0	10000	
楊正泰冷作廠	同上	同上	5.5		

3　林繼庸文《民營廠礦內遷紀略》，《工商經濟史料叢刊》第一輯，文史資料出版社，1983 年版，第 132 頁。
4　湖北省檔案館 Ls39-1-246。

廠名	原設廠址	現遷廠址	機料噸數（噸）	拆遷費用（元）	備註
洪昌機器廠	同上	同上	6.5	250	
聯益汽車修理廠	同上	同上	5.0		
杜順興翻砂廠	同上	同上	4.3		
胡洪泰鐵工廠	同上	同上	3.1		
鄧興發翻砂廠	同上	同上	6.1		
湯洪發鐵工廠	同上	同上	5.7		
王鴻昌機器翻砂廠	同上	同上	3.0		
漢口機器廠	同上	同上	3.0		
田順興鐵工廠	同上	同上	3.1		
順昌鐵工廠	同上	同上	63.0	20000	
榮昌機器廠	同上	同上	9.0	1000	
招商局機器廠	同上	同上	350.0		國營
既濟水電公司	同上	同上	500.0	120000	機件已售與資源委員會
通藝無線電公司	同上	同上	10.0		
漢昌肥皂廠	同上	同上	278.9		
建華制漆廠	同上	同上	69.0		
漢中製革廠	同上	同上	49.0		
科學儀器館化學藥品廠	同上	同上	6.1		
國華精棉廠	同上	同上	3.2		
漢口車光玻璃廠	同上	同上	8.9		
漢光玻璃廠	同上	同上	10.0	1000	
亞東布廠	同上	同上	24.0		
和興染織廠	同上	同上	32.5		
南洋煙草公司	同上	同上	1085.0		

廠名	原設廠址	現遷廠址	機料噸數（噸）	拆遷費用（元）	備註
振興糖果餅乾廠	同上	同上	5.2		
新華日報	同上	同上	48.0		
白鶴印書館	同上	同上	24.0		
漢光印書館	同上	同上	18.5		
勞益印刷所	同上	同上	15.5		
申江印刷所	同上	同上	11.7		
漢口正報館	同上	同上	10.5		
七七印刷廠	同上	同上	6.3	800	
振明印務局	同上	同上	408		
漢口新快報	同上	同上	3.0		
漢益印書館	同上	同上	15.5		
揚子印書局	同上	同上	5.0		
壽康祥鋸木廠	同上	同上	8.5		
孫舟眼鏡公司	同上	同上	1.5		
民康實業公司	同上	重慶寶雞	32.5	3000	
申新紗廠	同上	同上	6747.7	252200	
福新麵粉廠	同上	同上	448.5		
震寰紗廠	同上	同上	2000.0	34292	
精益眼鏡公司	同上	重慶昆明	2.8		
趙金記機器廠	同上	衡陽	150.0		
寶泰機器廠	同上	同上	16.0	300	
大豐馬鞍機器廠	同上	同上	30.0		
滬漢玻璃廠	同上	同上	36.9	800	

廠名	原設廠址	現遷廠址	機料噸數（噸）	拆遷費用（元）	備註
福順機器廠	同上	沅陵	32.5		
仲桐機器廠	同上	同上	20.2	1200	
華商軍服廠	同上	同上	250.0		
張鴻興機器廠	同上	同上	24.9	1100	
山泰翻砂廠	同上	同上	22.0	1000	
仁昌機器廠	同上	同上	16.0	600	
鴻泰機器廠	同上	同上	15.0		
謝洪興機器廠	同上	同上	11.0	700	
和興機器廠	同上	同上	7.3	380	
金炳記機器廠	同上	同上	7.2		
湯義興機器廠	同上	同上	4.0		
謝元泰機器廠	同上	同上	10.0	200	
華森翻砂廠	同上	同上	3.5		
李勝興機器廠	同上	同上	3.0		
韓雲記機器廠	同上	同上	2.4	150	
陳榮記機器廠	同上	同上	1.0		
範興昌翻砂廠	同上	同上	2.0		
李興發機器廠	同上	同上	2.5		
聶興隆鐵工廠	同上	同上	2.0		
黃福記鐵廠	同上	同上	6.2		
興順機器廠	同上	同上	4.0	150	
周慶記翻砂廠	同上	同上	6.7		
義華電氣工廠	同上	同上	1.0		
華中藥廠	同上	同上	20.0	850	
民生製藥廠	同上	同上	7.6		

廠名	原設廠址	現遷廠址	機料噸數（噸）	拆遷費用（元）	備註
林森軍服莊	同上	同上	3.0		
新盛布廠	同上	同上	3.0		
金鋼機制鞋廠	同上	同上	6.5		
中國植物油料廠	同上	重慶沅陵	1048.5		
美豐機器廠	同上	常德	16.0	1000	
順豐機器廠	同上	同上	10.0		
陶國記翻砂廠	同上	同上	10.0		
正昌機器廠	同上	同上	4.0	200	
蘇裕泰機器廠	同上	同上	3.0	180	
義複昌機器廠	同上	同上	11.0	150	
華協興鐵工廠	同上	同上	2.0		
吳善興機器廠	同上	同上	3.0		
張乾泰機器廠	同上	同上	2.0		
瑞生機器廠	同上	同上	3.0		
恆興益鐵工廠	同上	同上	3.0		
江源昌機器廠	同上	同上	3.0		
周錦昌翻砂廠	同上	同上	6.5		
合記鐵工廠	同上	同上	3.0		
隆泰工廠	同上	同上	6.0		
李錦泰五金廠	同上	同上	2.0		
勝泰機器廠	同上	同上	3.0		
劉洪盛機器廠	同上	同上	2.0		
德昌永鐵工廠	同上	同上	2.0		
遠東布廠	同上	同上	30.5		

廠名	原設廠址	現遷廠址	機料噸數（噸）	拆遷費用（元）	備註
名利布廠	同上	同上	10.0		
張宏發佈廠	同上	同上	10.0		
張興發佈廠	同上	同上	10.0		
張福記布廠	同上	同上	10.0		
張正記布廠	同上	同上	10.0		
張春記布廠	同上	同上	10.0		
馮興發佈廠	同上	同上	18.0		
魏福記布廠	同上	同上	18.0		
彭興發佈廠	同上	同上	18.0		
陸炳記布廠	同上	同上	18.0		
陳鵬記布廠	同上	同上	18.0		
王順記布廠	同上	同上	18.0		
震華布廠	同上	同上	18.0		
永順布廠	同上	同上	18.0		
光明布廠	同上	同上	18.0		
大榮機器廠	同上	同上	10.0	420	
林裕豐布廠	同上	同上	7.0		
華興布廠	同上	祁陽	4.0		
國華布廠	同上	同上	23.0	5.00	23 家布廠遷祁陽合作
仁記布廠	同上	同上	23.0	5.00	
玉記布廠	同上	同上	23.0	5.00	
興記布廠	同上	同上	23.0	5.00	
正記布廠	同上	同上	23.0	5.00	
保記布廠	同上	同上	23.0	5.00	

廠名	原設廠址	現遷廠址	機料噸數（噸）	拆遷費用（元）	備註
富記布廠	同上	同上	23.0	5.00	
漢記布廠	同上	同上	23.0	5.00	
同興布廠	同上	同上	23.0	5.00	
宏升布廠	同上	同上	23.0	5.00	
洪興布廠	同上	同上	23.0	5.00	
協盛布布廠	同上	同上	23.0	5.00	
祥泰布廠	同上	同上	23.0	5.00	
王四記布廠	同上	同上	23.0	5.00	
宏升四記布廠	同上	同上	23.0	5.00	
李二記布廠	同上	同上	23.0	5.00	
林勝利布廠	同上	同上	23.0	5.00	
吳在明布廠	同上	同上	23.0	5.00	
馬春記布廠	同上	同上	23.0	5.00	
張合記布廠	同上	同上	23.0	5.00	
殷合記布廠	同上	同上	23.0	5.00	
傅春記布廠	同上	同上	23.0	5.00	
楊福盛布廠	同上	同上	23.0	5.00	
精益布廠	同上	同上			
新成布廠	同上	同上	6.0		
國成布廠	同上	同上	6.0		
善昌新染廠	同上	寶雞	125.0		
隆昌染廠	同上	同上	120.0		
同濟軋花廠	同上	同上	1.0		
成功被廠	同上	同上	1.0		
協昌布廠	同上	同上	18.0		

廠名	原設廠址	現遷廠址	機料噸數（噸）	拆遷費用（元）	備註
義泰布廠	同上	同上	18.0		
正大布廠	同上	同上	18.0		
同泰布廠	同上	同上	18.0		
必茂布廠	同上	同上	18.0		
協昶布廠	同上	同上	18.0		
呂方記機器廠	同上	西安	30.0		
東華染廠	同上	同上	151.0		
中國煤氣機廠	同上	貴陽	228.0	5000	
瑞豐汽車修理廠	同上	同上	77.0		
青年捲煙廠	同上	同上	23.6		
長興印刷公司	同上	同上	20.0		
泰昌桐記鐵工廠	同上	藕池口	20.0		
漢昌鐵工廠	同上	同上	5.0		
潤新工廠	同上	應城	6.0		
晉同工業社電池廠	同上	瀏陽	9.5		
德記藥棉廠	同上	南鄭	20.0		
華中染廠	同上	桂林	150.0		
國光印刷所	同上	同上	14.1		
隆和染廠	同上	萬縣	2.0		
麻織工廠	同上	同上	380.0		本府與工礦調整處合辦
隆昌織染廠	同上	北碚	108.0	5300	
武漢印書館	同上	同上	55.0		
勝新麵粉廠	同上	桃源	154.0		

廠名	原設廠址	現遷廠址	機料噸數（噸）	拆遷費用（元）	備註
中國機茶公司	同上	恩施	10.8		
福源油餅廠	同上	老河	100.0		
萬城醬油廠	同上	嶽口	22.5		
京城印刷公司	同上	長沙	3.6		
華興制帽廠	同上	合川	3.3		
萬聲記機器廠	武昌	重慶	40.2		
裕華紗廠	同上	同上	7068.3		
湖北省紗布局	同上	寶雞	2810.0		省營
周恆順機器廠	漢陽	重慶	485.5	45000	
毓蒙聯華公司	同上	重慶 湖北 均縣	40.1	4000	
胡尊記機器廠	同上	常德	91.0		
洪順機器廠	同上	寶雞	95.0	4500	
五豐麵粉廠	同上	桃源	350.0		
六河溝煉鐵廠	磑家磯	重慶 桂林	2300.0		中央遷建委員會主管
財政部造紙廠	同上	重慶	922.0		
華記水泥廠	石灰窯	湘西	2961.5	600000	
利華煤礦	同上	重慶	92.5		
源華煤礦	同上	同上	500.0		工礦調整處與資源委員會合作

廠名	原設廠址	現遷廠址	機料噸數（噸）	拆遷費用（元）	備註
沙市電廠	沙市	宜昌 重慶	90.0	65300	100匹馬力一部售宜昌永耀公司 300匹馬力、150匹馬力共二部售經濟部
沙市紗廠	沙市	重慶	2000.0		
正明麵粉廠	同上	同上	151.4		
大有豐米廠	同上	同上	14.0		
成記米廠	同上	同上	5050.0	1500	機料噸數為計黑油機2000噸，煤氣機2050噸
萬記米廠	同上	同上	6.0	740	
玉豐米廠	同上	同上	7.0	360	
信義隆麵粉廠	同上	同上	5.0	1500	
豫明米廠	同上	宜昌	5.0	400	
王同心米廠	同上	同上	4.0	180	機件已售民生公司機械股
和豐米廠	同上	同上	12.0		已運宜昌25匹馬力一部，尚有25匹馬力一部……
乾亨米廠	同上	萬縣	15.0	1350	
寶豐米廠	同上	同上	3.0		已出售

廠名	原設廠址	現遷廠址	機料噸數（噸）	拆遷費用（元）	備註
沙市米廠	同上	同上	4.0		已出售經濟部裝箱特運
濟蘭米廠	同上	同上	4.0		同上
吳永興米廠	同上	同上	3.0		同上
均益米廠	同上	同上	15.0		該廠機件未運拆卸在廠停放裝箱保存
永耀電氣公司	宜昌	重慶	100.0		
華成印書館	同上	同上	16.5		
合和麵粉廠	許昌	西安	80.0		
應城石膏廠	應城	老河口	52.9		

原表說明：本表系根據經濟部工礦調整處材料及本省各埠警察局調查資料編列。

　　上表二百一十八家中，除外地二十四家（3 家在石灰窰，17家在沙市，2 家在宜昌，許昌、應城各 1 家）外，其餘均是武漢企業。需要指出的是，由於統計口徑不同和上報材料不全，上表統計資料並未完全包括從武漢遷出的企業。首先，大型國營企業如漢陽鐵廠、漢陽兵工廠及湖北省營工廠十幾家未列入統計；其次，後面遷川民營企業統計表在列的廠家，在上表中卻無反映。同樣，在上表列名的企業又在分省遷入統計表中失載。可見，本文所引用的各統計表之間，並不完全對應吻合。另據郭其耀《抗

戰初期武漢工廠內遷》一文統計如表 [5]：

表 7-2 武漢內遷企業區域分布表

內遷地點業別	四川	湘西湘南	陝西	廣西	貴州及其他	合計
機械	46	53	3	3	5	110
輕工	26	2		3	4	36
化工	9	8				17
紡織	13	52	17	1		83
水電	4					4
總計	98	115	21	7	9	250

在上表統計數字中，除民營企業外，還包括省營和國有工廠二十多家，但未包括平漢、粵漢鐵路局所屬機械廠和軍政部所屬被服廠等十三家工廠。關於武漢內遷企業的數量，在較早發表的論著中還有幾種不同的統計。龍從啟的《武漢工廠內遷大後方概述》一文稱，武漢內遷民營工廠二百三十三家；據孫果達《民族工業大遷徙——抗日戰爭時期民營工廠的內遷》一書民營企業遷往各省統計表合計，武漢內遷民營工廠為二百二十九家；另據一九四七年八月漢口市第一屆參議會第三次會議報告稱，武漢內遷民營工廠為二百二十三家。以上幾家所說民營企業的數字，如果再加上官營工廠二十家，合計在二百五十家左右，與郭文統計大

5　李澤主編《武漢抗戰史料選編》，1985 年內部印行，第 257 頁。

體吻合。

三、武漢工業內遷的艱難旅程

從武漢遷出的工廠物資分三路遷移，一路溯長江而上，先轉運沙市、宜昌，再轉運進入四川。從漢口經宜昌中轉進入四川的企業九十八家，機器設備和物資原料，共四萬五千二百六十噸；一路向西北，循平漢鐵路、隴海鐵路運往陝西西安、寶雞，遷移企業有福新五廠、申新四廠與震寰兩紗廠一部分、呂方記、恆順兩機器廠、東華、善昌新兩染廠，以及湖北省官紗局與官布局，共計企業二十一家，共有設備九千餘噸，以及隨遷工人等；一路朝南，運往湘南、湘西以及廣西桂林，共有企業一百二十二家。這一路內遷經歷最為曲折艱難，有的在湘桂戰役潰敗後輾轉到達雲南、貴州，有的則通過新開闢的湘宜航線，先北上宜昌再西入四川。

這場大規模的武漢工廠內遷，在危險慌亂的戰爭環境中，加上運輸工具奇缺，路途崎嶇遙遠，日本飛機的轟炸，整個搬遷過程充滿艱險，民營企業更是曆盡千辛萬苦。下面先將民營企業內遷的情景分別作一介紹。

（一）遷往四川的民營企業

武漢廠礦遷運四川，全靠長江水道。時值枯水季節，輪船無法直航重慶，必須在宜昌換裝淺水輪船上駛，可貨物到宜昌卸載後卻再也雇不到輪船。宜昌地處長江西陵峽口，是西上四川的咽喉，抗戰爆發後成為入川人員和貨物的集中轉運站。自一九三八

年七月下旬開始，政府機關人員大批西遷，因運力緊張，滯留宜昌者超過萬人，兵工署和民營廠礦待運設備貨物更是堆積如山，總量在二十萬噸以上。當時承擔運輸任務的民生、招商、三北、太古、聚福、怡和等幾家輪船公司，即使在豐水季節每月也只有七八千噸的運力，而在枯水季節每月僅有二三千噸，要將如此多的貨物運完，不知要等到何年何月。特別在武漢淪陷後，日軍繼續向西進犯，敵機又頻繁空襲，宜昌形勢危急。僅有的輪船已被兵工署、軍需署和各政府機關統包，各輪船只有採用沿途加煤的方法，騰出平時裝煤噸位載入商貨。由於船主乘機抬高運價，商貨每噸黑市運費漲至三百六十元，仍供不應求，內遷民營企業只好借助已經廢棄的川江白木船。該種木船大的載重一百二十噸左右，小的十多噸，以載重五十噸到七十噸者為多，上載重量只及下行的百分之六十。木船載貨航行的艱險情景，從當時任工礦調整處業務組長、負責協助民營企業內遷的林繼庸親歷親見記述，可以想見一斑：

下行時每日可行三百里，上行時則無一定，在靜水無風時，每日可行五十里，有順風時，張帆每小時可行五十里；遇急灘時雖盡一二百縴夫之力，每小時僅能上行二丈，有時甚至寸尺難前。過巫峽時，峭壁數百尺，縴夫不能上岸拉縴，只有紮水候風，或者緩行。風來時，一天可過八十里長的巫峽，但常有紮候五六天，方得遇風。黃昏或大霧不能行駛，水漲時更不能行，須候至漲定才能前進。由宜昌至重慶水路全線長約一千三百里，須經秭歸、巴東、巫山、奉節、雲陽、萬縣、忠縣、豐都、涪陵、長壽十縣，沿途經過獺洞灘、青灘、滾子灘、匯灘、牛口灘、廟

基子灘、東洋子灘、興陵灘、抓灘等險灘，不下七十五灘之多。各灘又有杜水灘與洪水灘之分，其勢險則以青灘和泄灘為最。過灘時，各船縴夫並力拉一船渡險，依次以及他船。過急灘時，因縴夫不足及地方環境關系，還須雇用當地縴夫。一路全程上行約需三四十天，下行需十到十五天。當過灘時，只留家長、掌艄及搬艄的在船上，乘客跟隨縴夫在岸上拖著船隻艱難行進走，有

·滿載內遷物品的船隊溯江入川，縴夫們在險灘處

時還要想幫拉縴。岸石為江水年年衝擊，生出許多怪洞。沿途攀著奇形怪狀的石岩，或爬，或走，向前緩行。搬艄的立在船頭，以手勢高低左右作出指揮。家長傳令「緩拉」或「快拉」，傳達於縴夫，緊急時則敲鼓停拉。灘水的高低差常及兩尺，因水位不平，船頭為縴拉住，常往上斜，為狀至險。水急時，更須緩拉，以免水湧上船，發生危險。這時候，耳聽得水聲如雷，有如萬馬，往下看，巉岩數百尺，石尖如劍，石墩如虎，一葉危舟在急流中旋轉不定。一二百個縴夫，迎著鋒利而寒冷的江風，汗流滿背，血向上湧，口噓騰騰熱氣，同聲嚷著不成調的短促而苦痛的歌聲。一行人眾傴僂身軀，體向前傾，背高於頂，合力前拉，往往半小時的掙扎而不得前進半尺。險灘處約長三五丈，灘前灘後，各長約四分之一里，要待過盡，方告平安。一般要經二三小

・沿海沿江工廠物資內遷途中

時的努力，才能拉過一灘。如逢小火輪經過，木船須跟輪後分水處避於覆沉，這是常遇的最為危險的情況。停船時，最忌停在淘金舊址，江水一退，船陷淘金穴中，進退不得，船底觸碰石尖，石尖套入船內，水湧入船，船破貨沉，這是最傷心的悲劇。夔門、巫峽，削壁千尺，只見一線天，晝難見日，夜難見月，前途山峽險阻，幾疑無路可行。每逢夜間停船，念及一路的艱苦困難，靜聽江水滔滔，心中充滿著遭受侵略的冤仇血恨。[6]

此次長江搶運，自一九三八年九月到一九四〇年七月，民營企業雇用木船八百五十多隻，運送貨物二萬五千多噸，其中因沉船損失貨物一千兩百多噸，損失率約占運貨總量的百分之五，詳見：

6　林繼庸：《民營廠礦內遷紀略》，《工商經濟史料叢刊》第一輯，文史資料出版社，1983 年版，第 128-131 頁。

表 7-3 武漢民營企業遷往四川一覽表

業別	廠名	原設地點	負責人	內遷地點	復工日期	主要產品	備註
機器五金業	老振興機器廠	漢口	歐陽潤	重慶林森路 252 號		針織機、機器修理	
	毛有定鐵工廠	漢口	毛清	重慶神仙洞新街 72 號		機器配件、鐵器	
機器五金業	洪發利機器廠	漢口	周雲鵬	重慶林森路 256 號		蒸汽機、機器配件	
	合成機器廠	漢口	王錫富	重慶下南區馬路 24 號		植物油燈、瓶蓋	
	永興鐵工廠	漢口	張庶鹹	重慶海棠溪羅家壩 41 號		汽車鋼板、機件	
	杜順興機器翻砂廠	漢口	杜伯臣	重慶南岸石溪路 28 號		機器配件、翻砂	
	華興鐵工廠	漢口	胡鳴皋	重慶中二路 55 號		汽車鋼板、機器配件	
	福裕鋼鐵廠	漢口	陳子山	江北沙灣陳家館		機器工具、鍋爐	設桂林分廠
	同益機器廠	漢口	楊崇勳	重慶南岸野貓溪河街 7 號		船用機器、水泵、機器零件	
	劉祥順機器廠	漢口	劉支順				情況不明

業別	廠名	原設地點	負責人	內遷地點	復工日期	主要產品	備註
機器五金業	周複泰機器廠	漢口	周春山	江北劉家臺2號	1939.1	柴油機、煤氣機、翻砂	曾在常德復工
	周錦昌翻砂廠	漢口	周賢益	重慶小龍壩天星橋		翻砂	
	方興發機器廠	漢口	方家國	重慶南岸彈子石拐棗樹街		車床、牛頭刨床、肥皂機、鼓風機、酒精蒸餾器	
	漢口振興機器廠	漢口	高觀春	重慶南岸野貓溪石溪路	1939.2	紡紗機配件機器籌機	曾在常德復工
	田順興鐵工廠	漢口	田玉卿	重慶南岸五桂石正街22號		機器配件	
	周義興機器廠	漢口	周儀臣	重慶南岸五桂石		機器修理、配件	曾在常德復工
	湖北機器廠	漢口	蘇海卿	重慶南岸五桂石	1939.1	車床、印刷機	原系蘇裕泰機器廠
	正昌機器廠	漢口	周昌茂	重慶南岸五桂石			併入湖北機器廠
	謝元泰機器廠	漢口	謝冬至	重慶南岸五桂石			併入湖北機器廠
	利興機器廠	漢口	朱世發	重慶			後改名利生

業別	廠名	原設地點	負責人	內遷地點	復工日期	主要產品	備註
機器五金業	秦鴻記機器廠	漢口	秦鴻奎	重慶南岸彈子石拐棗樹正街	1939.2	印刷機、警報器	
	聯益機器廠	漢口	薑元生	重慶南岸彈子石拐棗樹正街	1939.1		同年4月遷渝
	鄧興發翻砂廠	漢口	鄧忠堂	重慶南岸彈子石拐棗樹正街		翻砂	
	漢昌機器廠	漢口	祝金元	重慶南岸彈子石拐棗樹正街			出售給裕華紗廠
	合記機器廠	漢陽		上龍門浩灘子口1號		機器修理	後併入建華機器船廠
	張義興機器廠	漢口		上龍門浩灘子口1號		機器修理	後併入建華機器船廠
	湯洪發鐵工廠	漢口	湯建銀	重慶南岸半邊街12號		螺絲、鑄件	
	胡洪泰鐵工廠	漢口	胡樹林	重慶南岸五桂石51號	1939.4	輪船錨練	曾在常德復工
	徐順興機器廠	漢口	徐士泉	重慶小龍壩天星橋		機器零件	
	萬聲記鍋爐廠	漢口	萬武忠	江北溉瀾溪	1939.1	鍋爐	曾在常德復工

業別	廠名	原設地點	負責人	內遷地點	復工日期	主要產品	備註
機器五金業	楊正泰冷作廠	漢口	楊同善	重慶國府路 169 號	1938.10	冷作	曾在常德復工
	漢華機器廠	漢口	胡鼎三	重慶南岸野貓溪正街甲 1 號		離心機、機器配件	
	勝昌機器廠	漢口	譚善存	重慶			曾在沅陵復工
	精勤機器廠	漢口	嚴厲精	重慶南岸龍門浩老碼頭 68 號		各種機器、鍋爐	
	源記機器廠	漢口	周源義	重慶大溪溝三元橋 26 號		機器、零件	
	永業五金公司	漢口	吳乃鏞	萬縣趙家坡		紐扣、水壺、五金零件	
	黃運興五金廠	漢口	黃運連	萬縣南岸沱口王家廟		汽車零件、螺絲	
	永和機器廠	漢口	周家清				併入建華機器船廠
	複鑫祥機器廠	漢口	周雲鵬				併入建華機器船廠
	興明機器廠	漢口	董志廣				併入新昌機器廠

業別	廠名	原設地點	負責人	內遷地點	復工日期	主要產品	備註
機器五金業	新華機器廠	漢口	王志甫	重慶南岸大沙溪		水龍頭、凡而	一度與洪昌廠組成強華機器廠
	洪昌機器廠	漢口	張祖良		1939.1		曾在常德復工
	王鴻昌機器廠	漢口	王金元		1939.2		曾在常德復工
	漢口機器廠	漢口	周昌善		1940.1		曾在常德復工
	毓蒙聯華公司	漢陽	林宗城	重慶大溪溝老街51號		彈棉機、鋸木機	
電器業	神明電池廠	漢口	唐伯辰	重慶	1939.7		
	義華電器廠	漢口	劉鴻章	重慶	1939.7		
	永耀電器公司	漢口	唐紹箕	重慶			遷渝後出售給資源委員會
	既濟水電公司	漢口	潘銘新	重慶			遷宜賓後出售給資源委員會
化學工業	建華油漆廠	漢口	唐性初	重慶	1939.4	油漆	與中國鉛丹廠合作
	瑞華玻璃廠	漢口	李文彬	重慶	1939.4	玻璃	
	漢中製革廠	漢口	魏雅平	重慶		皮革	

業別	廠名	原設地點	負責人	內遷地點	復工日期	主要產品	備註
化學工業	漢昌肥皂廠	漢口	餘叔瞻	重慶	1939.3	肥皂	
	漢口車光玻璃廠	漢口	鄭竹影	重慶			內遷途中機器沉於水中，未復工
	科學儀器館化學廠	漢口	張德明	重慶		儀器	與國立醫藥專科學校合作
	民康實業公司	漢口	劉洪源	重慶	1939.7	藥品	分設渝、陝兩廠
	祥光皂燭廠	漢口	應雲從	重慶		肥皂、蠟燭	
	光原錳粉廠	漢口	孫祥康	重慶			情況不明
	漢光玻璃廠	漢口	查子誠	重慶			內遷船隻沉沒，未復工
紡織工業	裕華紗廠	漢口	蘇汰餘	重慶			
	申新第四廠	漢口	李國偉	重慶			設寶雞、成都分廠及寶雞鐵工廠
	亞東洋記織造廠	漢口	楊雲樵	重慶	1938.8		曾在常德復工，後遷渝
	和興染織廠	漢口	張清成	重慶			

業別	廠名	原設地點	負責人	內遷地點	復工日期	主要產品	備註
紡織工業	七七襪廠	漢口	程遠	重慶			
	隆昌染織廠	漢口	倪麒時	重慶			後改組為大明染織廠
	震寰紗廠	漢口	劉篤生	重慶・北碚			未復工，紗錠分租裕華、大華兩廠
	湖北麻織廠	武漢	田鎮瀛	重慶			
食品工業	福新麵粉廠	漢口	章劍慧	重慶	1939.5	麵粉	設寶雞、成都、天水分廠
	南洋煙草公司	漢口	陳容貴	重慶		捲煙	
	正明麵粉廠	漢口	佘克明	重慶		麵粉	機器出租給福民麵粉廠
	五豐麵粉廠	漢口	施昌沚	重慶		麵粉	機器出售給中國糧食公司
	振興糖果餅乾廠	漢口	李炳炎	重慶		糖果、餅乾	

　　此表據孫果達《民族工業大遷徙》一書內遷民營企業統計表相加，共九十一家，其中不見周恆順機器廠，顯然有遺漏。另據

《武漢抗戰史料選編》第 257 頁統計，武漢遷往四川企業，包括官營與民營企業共九十八家。

（二）遷往湖南的民營企業

武漢民營企業遷往湖南，其數量和路途艱辛都甚於遷往四川。一九三八年七月五日，工礦調整處為加快武漢企業的搬遷速度，派人前往湘西實地勘察，預為佈置。經過初步勘察，

· 民生輪船公司「民生」號搶運人員物資的情景

工礦調整處認為，常德一帶儘管交通四通八達，可距離戰區不遠，不宜選作工業區，桃源、沅陵、瀘溪、辰溪一帶遠離戰區，雖然交通不便，但仍可通行，可作為內遷企業的安置發展地點，於是在那裡購置土地，為內遷企業作准備。可是，從常德再往西南搬遷，只有沿沅江而上，山高水複，險灘不斷，特別是桃源至沅陵，其間有三十多個險灘，行船艱難異常。常德至桃源，大水時可通輪船，桃源以上只能行木船。大水時木船可載五十噸，枯水時節僅載二噸。上水由常德到辰溪須行三十六七天，下水由辰溪到常德也要四天。一九三八年九月下旬，大批民營企業開始遷

往湘西，先後到達常德者達八十家[7]，可政府多達四萬餘噸的物資早已堆積在那裡等待上運沅江，民營企業貨物根本無船可運。幾經設法，民營企業與沅江幫會首領取得聯繫，終於雇到一些船隻，開始將設備貨物往上游轉運。屋漏偏遇連陰雨。此時又因日軍逼近長沙，威脅常德，常德當局欲效仿長沙做法放火燒城。困阻常德的眾多武漢民營企業只好一邊儘量將設備裝船沿沅江西上，一邊忍痛將一時無法裝運的設備疏散到鄉村埋藏。裝船設備因其時正值沅江枯水季節，航行困難，沿途丟棄不少，埋藏鄉間的設備則日久銹蝕，不堪使用。還有一部分武漢民營企業沿新開闢的湘宜航路轉入四川。如漢口五豐麵粉廠先撤到湘西桃源，再轉運宜昌，雇駁船二十三艘裝運，中途歷時長達三個月。武漢民營企業遷湘情況詳見表。

表 7-4 武漢內遷湖南民營廠礦一覽表

業別	廠名	原地點	負責人	內遷地點	主要產品	備註
機器五金業	福順機器廠	漢口	肖壽廷	湖南辰溪		
	張鴻興機器廠	漢口	張鵲臣	湖南辰溪	機器零件、工具	後改組成中亞機器廠
	大榮機器廠	漢口	周根洋	湘南	機器零件	
	彭寶泰機器廠	漢口	彭西臣	湘南	機器零件	
	山泰翻砂廠	漢口	李志卿	湘西	翻砂	

7　黃振亞：《長江大撤退》，湖北人民出版社，2006 年版，第 245 頁，據中國第二檔案館檔案。

業別	廠名	原地點	負責人	內遷地點	主要產品	備註
機器五金業	精益鐵工廠	漢口	錢貫之	湖南沅陵	十字鎬、鍋灶	
	仲桐機器廠	漢口	王吉凡	湖南沅陵	軋花機、切面機	
	陳鴻泰機器紐扣廠	漢口	陳鴻慶	湖南沅陵	紐扣	
	仁昌機器廠	漢口	杜益善	湖南辰溪	機器零件	後並成中亞機器廠
	李勝興機器廠	漢口	季雲卿	湖南辰溪	機器零件	後並成中亞機器廠
	李興發機器廠	漢口	李漢卿	湖南辰溪	機器零件	後並成中亞機器廠
	陳東記機器廠	漢口	陳東亭	湖南辰溪	機器配件、五金	後並成中亞機器廠
	陶國記翻砂廠	漢口	陶國餘	湖南辰溪	翻砂	
	湯義興機器廠	漢口	湯善夫	湖南辰溪	機器零件	
	興順機器廠	漢口	鄧昌祺	湖南辰溪	機器零件	
	美豐機器廠	漢口	毛學廣	湖南辰溪	機器零件	
	鴻泰機器廠	漢口	葛祺增	湖南辰溪	機器零件	曾在常德復工
	謝洪興機器廠	漢口	謝華堂	湖南辰溪	機器零件	
	韓雲記機器廠	漢口	韓雲卿	湖南辰溪	機器零件	
	和興機器廠	漢口	陳雲卿	湖南辰溪	機器零件	
	金炳記機器廠	漢口	金華慶	湖南辰溪	機器零件	
	華協興鐵工廠	漢口	華阿本	湖南辰溪	機器零件	
	範興昌翻砂廠	漢口	范華山	湖南辰溪		
	張乾泰機器廠	漢口	張才	湖南辰溪	機器配件	

業別	廠名	原地點	負責人	內遷地點	主要產品	備註
機器五金業	瑞生機器廠	漢口	宋福生	湖南辰溪	機器零件、五金	
	恆興益鐵工廠	漢口	錢恆豐	湖南辰溪	機器零件、五金	
	聶興隆鐵工廠	漢口	聶正明	湖南辰溪	機器零件、五金	
	華森翻砂廠	漢口	厲華雲	湖南辰溪		
	隆泰機器廠	漢口	王繼堯	湖南辰溪	機器零件、五金	後改組為建國機器廠
	義興機器廠	漢口	張世英	湖南辰溪	機器零件、五金	後併入建國機器廠
	德泰鐵工廠	漢口	莊錫範	湖南辰溪	機器零件、五金	
	李錦泰軍鍋廠	漢口	李哲忠	湖南辰溪	鐵鍋	
	劉鴻盛機器廠	漢口	劉漢華	湖南辰溪	機器零件	
	黃福記鐵工廠	漢口	錢文奎	湖南沅陵	機器零件	1939 年 3 月曾在常德復工
	雲龍機器廠	漢口	李滑清	湖南辰溪	機器零件	
	德昌永機器廠	漢口	劉清山	湘西	機器零件	
	周慶記翻砂廠	漢口	周慶蓬	湘西	機器零件	
	同和工廠	漢口	熊嗣聲	湘西	機器零件	
	胡萬泰鐵工廠	漢口	胡松山	湘西	機器零件	
	黃永壽鐵工廠	漢口	黃永壽	湘西	機器零件	後改名為黃永興鐵工廠
	善泰鐵工廠	漢口	吳善根	湘西	機器零件	
	王文記機器廠	漢口	王文起	湘西	機器零件	

業別	廠名	原地點	負責人	內遷地點	主要產品	備註
機器五金業	泰豐電鍍五金廠	漢口	胡少泉	湘西		
電器業	亞星電池廠	漢口	李南山	湘西	電池	
化工業	華中製藥廠	漢口	劉仲府	湘西	藥品	
	建國藥棉廠	漢口	刁蘊巢	湘西	藥棉	
	滬漢玻璃廠	漢口	傅瑞卿	湘西	玻璃	未復工
	民生製藥廠	漢口		湘西	藥品	
	萬利藥棉廠	武昌	喻會孝	湘西	藥棉	先遷長沙，再遷沅陵
	民營化學工業社	漢口	楊良弼	湘西		
紡織業	國華布廠	漢口	戚玉成	湖南祁陽	棉布	
	仁記布廠	漢口	吳仁山	湖南祁陽	棉布	
	玉記布廠	漢口	孫玉山	湖南祁陽	棉布	
	正記布廠	漢口	孫正堂	湖南祁陽	棉布	
	興記布廠	漢口	陳家修	湖南祁陽	棉布	
	保記布廠	漢口	汪寶山	湖南祁陽	棉布	
	富記布廠	漢口	殷興富	湖南祁陽	棉布	
	漢記布廠	漢口	梅漢卿	湖南祁陽	棉布	
	同興布廠	漢口	王子平	湖南祁陽	棉布	
	宏升布廠	漢口	王潤甫	湖南祁陽	棉布	
	李二記布廠	漢口	李二記	湖南祁陽	棉布	
	林勝利布廠	漢口	林孝齊	湖南祁陽	棉布	
	吳在明布廠	漢口	吳在明	湖南祁陽	棉布	
	馬春記布廠	漢口	馬春山	湖南祁陽	棉布	

業別	廠名	原地點	負責人	內遷地點	主要產品	備註
紡織業	張合記布廠	漢口	張合記	湖南祁陽	棉布	
	殷合記布廠	漢口		湖南祁陽	棉布	
	傅春記布廠	漢口	傅左廷	湖南祁陽	棉布	
	楊福盛布廠	漢口	楊志明	湖南祁陽	棉布	
	洪興布廠	漢口	徐漢明	湖南祁陽	棉布	
	協盛布廠	漢口	傅美田	湖南祁陽	棉布	
	祥泰布廠	漢口	徐椿林	湖南祁陽	棉布	
	王四記布廠	漢口	王盛卿	湖南祁陽	棉布	
	宏升四記布廠	漢口	王煥章	湖南祁陽	棉布	以上 23 家布廠後合組成聯合布廠
	劉幼記布廠	漢口		湖南祁陽	棉布	
	陽永和布廠	漢口		湖南祁陽	棉布	
	華興布廠	漢口		湖南祁陽	棉布	
	國成布廠	漢口		湖南祁陽	棉布	
	林裕豐布廠	漢口	林協臣	湖南祁陽	棉布	由 5 家布廠組成
	楚勝聯合公司	漢口	韋海山	湖南祁陽	棉布	
	江蘇難民紡織廠	漢口	許振	湘西	棉布	
	新成布廠	漢口	毛劍炳	湘西	棉布	後改組成華商軍服廠
	新盛布廠	漢口	王漢昌	湘西	棉布	後改組成華商軍服廠
	麟笙軍服廠	漢口	江幹庚	湘西	軍服	
	張春記布廠	漢口		常德	棉布	
	震華布廠	漢口		常德	棉布	

業別	廠名	原地點	負責人	內遷地點	主要產品	備註
紡織業	魏福記布廠	漢口		常德	棉布	
	光明布廠	漢口		常德	棉布	
	永順布廠	漢口		常德	棉布	
	陳鵬記布廠	漢口		常德	棉布	
	彭興發佈廠	漢口		常德	棉布	
	陸炳記布廠	漢口		常德	棉布	
	馮興發佈廠	漢口		常德	棉布	
	王順記布廠	漢口		常德	棉布	
	王永順布廠	漢口		常德	棉布	
	遠東布廠	漢口		常德	棉布	
	張興發佈廠	漢口		常德	棉布	
	張宏發佈廠	漢口		常德	棉布	
	張福記布廠	漢口		常德	棉布	
	張正記布廠	漢口		常德	棉布	
其他	勝常麵粉廠	漢口		湘西	麵粉	後未復工
	京城印刷公司	漢口		長沙		後未復工

　　此表據孫果達《民族工業大遷徙》統計表相加，為一百零一家。武漢民營企業遷往湖南者數量各家統計不一，另據《武漢文史資料》一九八五年第三期龍從啟文，累計為九十家。

（三）遷往廣西的民營企業

　　在武漢民營企業遷往湖南的過程中，有一部分通過湘桂鐵路到達桂林落腳，並逐步恢復生產。一九四四年春，日軍發動打通大陸交通線的戰役，再次給流落於湘桂地區的民營工廠帶來深重災難。由於國民黨軍隊在湘桂戰役中潰退，民營企業在向四川等地避難時，既雇不到交通工具，又面臨運費狂漲的壓力。如每噸

貨物運費，柳州到獨山五十萬元，獨山到貴陽二十萬元，貴陽至重慶十萬元，加上轉口雜稅二十萬元，總計竟達一百萬元，有的費用已超過貨物所值。民營企業由柳州向貴州遷徙中，在金城江一度滯留員工達一萬餘人，積壓設備物資四千八百多噸，長達兩個月無法疏散。日軍佔領金城江後，這些貨物大部分落入敵手。搶運到獨山的一點兒設備因實在無力再遷，在日軍進佔獨山後也完全毀棄。遷往湘桂地區的民營企業經過這次長途跋涉、顛沛流離，可謂九死一生，奄奄待斃。據統計，從湘桂地區遷往四川的九十五家民營企業，除未及搬遷的二千九百七十三噸物資外，內遷貨物七千八百七十三噸，可運達重慶的僅有二百零一噸，其餘均毀棄在遷徙途中！請看下面幾個例子。中華鐵廠在從柳州向重慶搬遷中，幾次遭遇車翻人亡的慘禍，大型機床無法搬運被棄於路旁。該廠已經裝運的部分機件最後也被迫低價賣給了廣西省政府。華成電器廠的五百噸機件物資在運到金城江後，因日軍逼近來不及轉運而丟棄。新中工程公司從湖南祁陽搬遷時有貨物二千噸，到了廣西柳州只剩下一千噸，到貴州獨山只剩一百噸，到四川重慶時僅剩下一卡車了。大中機器廠從廣西桂林將二百噸物資起運北上，到達金城江後，有的毀於敵人炮火，有的被敵人沒收，有的被土匪搶去，還有的在野外鏽爛，結果全部損毀。上述幾個企業雖不是武漢企業，但與武漢企業有著相同的經歷，它們的磨難也就是武漢企業遭受的磨難。武漢內遷廣西民營企業詳見表。

表 7-5 武漢內遷廣西民營廠礦一覽表

業別	廠名	原設地點	負責人	內遷地點	主要產品	備註
機器業	趙金記機器廠	漢口	趙金元	桂林		
	懷民實驗機器廠	漢口	陳天和	桂林	臺秤、印刷機	
	強華機器廠	漢口	梁金才	桂林	車床、汽車零件	先遷衡陽，再遷桂林，於1938年底復工
	六河溝機器廠	漢口	李組紳	桂林	鑽床、印刷機、玻璃器皿	
其他	華中染廠	漢口	張正興	桂林		未復工
	國光印刷廠	漢口	李光偉	桂林		
	華美印刷廠	漢口	區達璋	桂林		改名紹榮印刷廠
	漢口冰廠	漢口	關秉湘	桂林		併入廣西紡織機械廠

此表據孫果達《民族工業大遷徙》第 238-239 頁，《武漢文史資料》1985 年第 3 期第 74-77 頁。

（四）遷往陝西的民營企業

武漢企業遷往陝西是從一九三八年八月底開始的，在二十一家企業中，除湖北紗布局外，其餘均為民營企業。民營企業規模較大、機件貨物較多者有以下幾家：申新第四紗廠，該廠在拆遷前有紗錠 45968 枚，織布機 657 臺，每月承制軍用布 30000 匹，拆運 20400 枚紗錠，500 臺織布機，以及日染布 2000 匹的全套

設備；福新第五麵粉廠，有 12 部大型鋼磨和 3000 千瓦發電機一組；福新、善昌新、東華及隆昌四家染織廠全套設備；震寰紗廠 16000 枚紗錠；民康藥廠製造藥棉、紗布的設備。加上湖北紗布局的 20000 枚紗錠和 200 臺織布機，這次一同遷陝的機件貨物，合計 9000 餘噸，此外還有一批隨遷員工，在工礦調整處駐陝辦事處主任劉遠庵、技術員李煥庭督率下，由平漢鐵路轉隴海鐵路遷往陝西。遷陝武漢企業不僅在路途歷盡艱險磨難，即使到達目的地後仍遭受風餐露宿之苦，猿啼虎嘯之驚。戰前的寶雞只是隴海線上一座五六千人的小城，冷清寂寥，每到黃昏時分，常有虎狼出沒。武漢內遷企業的大批設備物資陸續抵達寶雞後，因車站太小，又無裝卸設備，只能暫時堆放在鐵路兩邊。時值當地連陰雨季節，滿地泥濘，隨遷員工只能住進臨時用蘆席搭的窩棚存身。申新四廠的工人把裝設備的箱子放在席棚周圍，壘成圍牆以防備盜賊和野獸，結果他們竟真的在圍牆邊打死一隻豹子，還活捉了一隻狗熊！

由於在搬遷中設備損失嚴重，一些企業無法單獨復工。如善昌新染織廠丟失了烘缸，只剩下染料和烘缸架，東華染織廠失去了烘缸架只有烘缸獨存，於是兩廠合為一廠才勉強開工。震寰紗廠把遷到西安的紗錠分別租給大華紗廠，申新四廠將遷到寶雞的一點四萬紗錠租給大華紗廠。東華、福新、隆昌、善昌等染廠遷到陝西後，只有東華一家在西安開工。紗布局機器與咸陽打包廠合營組成咸陽紡織廠。武漢民營企業遷陝情況詳見表。

表 7-6 武漢內遷陝西民營廠礦一覽表

業別	廠名	原設地點	負責人	內遷地點	主要產品	備註
機器業	洪順機器廠	漢陽	周文軒	陝中	機器配件	
	申新紗廠鐵工部	漢口	李國偉	陝中	織機、修配	
	呂方記機器廠	漢口	呂方根	陝中		出租機器,另在四川設廠
紡織業	申新四廠	漢口	李國偉	陝中	棉紗	分設陝、渝兩廠
	震寰紗廠	武昌	劉篤生	陝中	棉紗	機器租給西安大華紗廠與重慶裕華紗廠
	湖北官紗廠	武昌	劉光興	陝中	棉紗	部分機器租給申新紗廠
	東華染廠	漢口	陳福穆	陝中		
	善昌新染廠	漢口	陳養甫	陝中		
	隆昌染廠	漢口	倪麟時	陝中		
	同濟軋花廠	漢口	晏清祥	陝中		
	成功襪廠	漢口	成秋芳	陝中	襪子	
	德記布廠	漢口	李伯平	陝中	棉布	併入工業合作協會
	義泰布廠	漢口	鮑子英	陝中	棉布	併入工業合作協會
	正大布廠	漢口		陝中	棉布	併入工業合作協會
	同泰布廠	漢口		陝中	棉布	併入工業合作協會
	必茂布廠	漢口		陝中	棉布	併入工業合作協會
	協昶布廠	漢口		陝中	棉布	併入工業合作協會
	協昌布廠	漢口		陝中	棉布	併入工業合作協會

業別	廠名	原設地點	負責人	內遷地點	主要產品	備註
其他	福新麵粉廠	漢口	李國偉	陝中	麵粉	分設陝、渝兩廠
	民康實業公司藥棉廠	漢口	華邇英	陝中	藥棉、紗布	內遷機器分設陝、渝兩廠
	德記藥棉廠	漢口	李仲平	陝中	藥棉、紗布	後改名為漢光藥棉廠

　　此表據孫果達《民族工業大遷徙》第 249-251 頁；《武漢文史資料》1985 年第 3 期第 74-77 頁。上表中湖北官紗廠屬省營企業。據一九三九年八月湖北省政府統計處編《湖北省抗戰期間各工廠拆遷概況表》，原設在漢口的德記藥棉廠遷往陝南的南鄭縣，不在陝中。

（五）遷往其他地區的民營企業

　　武漢的企業除了遷往四川、湖南、廣西、陝西以外，還有一些企業遷到貴州以及湖北省內的應城、藕池口、老河口等地，儘管史料沒有系統提供這些企業在遷徙中的具體損失，但這些企業的結局都很悲慘。如由漢口遷到貴州的中國煤氣機製造廠、青年捲煙公司、長興印刷公司，最後都因資金不足和設備不全，被迫接受當地企業投資而改組改名。中國煤氣機製造廠由貴州企業公司投資，改名中國機械廠，青年捲煙公司併入貴州企業公司改名貴州捲煙廠，長興印刷公司改組為西南印刷所。由武漢遷到省內其他地方的企業，有的根本沒有復工。武漢民營企業遷往其他地區情況詳見表。

表 7-7 武漢遷往其他省區民營廠礦一覽表

業別	廠名	原設地點	負責人	內遷地點	主要產品	備註
機器業	中國煤氣機製造廠	漢口	李葆和	貴州	引擎、機床	後由貴州企業公司投資，改名中國機械廠
	瑞豐汽車修理廠	漢口	常凱生	貴陽	汽車零件	
	潤新工廠	漢口	韋潤吾	應城		未復工
	泰昌桐記機器廠	漢口	張瑞卿	藕池口		未復工
其他	應城石膏廠	漢口	陳秬齋	老河口		未復工
	青年捲煙公司	漢口	徐啟鈞	貴陽	捲煙	後併入貴州企業公司改名貴州捲煙廠
	長興印刷公司	漢口	汪幼雲	貴陽		後改組為西南印刷所

此表據孫果達《民族工業大遷徙》第 252 頁；《武漢文史資料》1985 年第 3 期第 74-77 頁。

　　武漢內遷工廠除民營工廠外，還有省營和國營工廠二十多家。如歸軍政部所屬的漢陽鐵廠遷至重慶，漢陽兵工廠、漢陽火藥廠遷至湖南，後改建為兵工署第一、第二兵工廠。泰安紗廠遷至重慶，改名軍政部紡織廠。諶家磯造紙廠輾轉至成都，改為建國紙廠，鐵路局所屬的各機械廠等則遷至廣西。湖北省屬的紗布局拆運設備三千餘噸，遷至陝西咸陽組建紡織廠。麻布局與官紗局部分織布機運到四川萬縣，組成湖北麻織廠。白沙洲造紙廠遷往四川萬縣，改建成湖北造紙廠。航務處修船廠遷至四川萬縣，組建成湖北機械廠。省屬企業在湖北省建設廳廳長鄭家俊的領導

督促下，不到三個月時間裡，拆運器械六千噸。此外，還有漢口市屬的特殊冰廠、小電廠、榨油廠、武昌電廠等，電廠機件循長江、湘江運到湘南，冰廠設備運至宜昌。

第二節 ▶ 武漢內遷工業的慘重損失

　　武漢工業內遷因動員較早，計畫周詳，措施得力，加上有武漢會戰贏得的寶貴時間，所以獲得的效果最好。它不僅避免了武漢工業被日軍利用的嚴重後果，而且有效保存了中國工業實力，促進了抗戰大後方工業及地方經濟的發展，為爭取抗戰勝利作出了傑出貢獻。另一方面，在搬遷過程中武漢的企業也付出了慘重代價。

一、武漢內遷工業損失個案考察

　　武漢內遷工廠的損失程度，對於今天缺乏親身體驗的人們來說，也許通過具體事例才會有確切的感知。在武漢內遷工廠中，漢陽鐵廠與裕華紗廠，一個是官營工廠，一個是民營工廠，一個屬於重工業，一個屬於輕工業，因此具有典型意義，我們就以這兩個企業為案例，考察說明武漢內遷企業所遭受的各種損失。

　　漢陽鐵廠位於漢陽龜山北麓，是湖廣總督張之洞於一八九一年創辦的一個現代化大型鋼鐵廠，其技術設備、生產能力，在清末民初中國乃至亞洲冶金行業中名列前茅。一九二四年停產後仍留有兩百多人護廠。一九三七年八月二十七日，國民政府軍政部兵工署以「前方抗戰需要，自行鑄造鋼件甚急……亟需借用漢

・武漢淪陷前夕，被中國軍隊破壞的漢陽鐵廠棧橋

陽鐵廠」，電令漢陽兵工廠廠長鄭家俊，就近接收漢陽鐵廠。同年十月，兵工署完成接收漢陽鐵廠的手續後，準備恢復生產，並從各地抽調工程技術人員到廠，開始復工前的維修。不料日軍相繼攻陷上海、南京，並沿長江西犯，武漢形勢吃緊，於是漢陽鐵廠的復工計畫只得擱置。一九三八年二月七日，國民政府經濟部長翁文灝和軍政部長俞大偉，根據蔣介石「漢陽鐵廠應擇要遷移，並限三月底遷移完畢為要」的手令，決定由資源委員會與兵工署負責組織鋼鐵廠遷建委員會，負責拆遷漢陽鐵廠與大冶鐵礦廠的設備。該會以兵工署制造司司長楊繼曾為主任委員，下設技術室、會計室，以及總務、鐵爐、鋼爐、軋機、動力、建築、運輸七股，一面籌畫拆遷，一面往重慶勘定重建廠址。由於漢陽鐵廠許多設備機件的體積、重量大，有的重至數噸甚至幾十噸，有的還埋置地下，在當時沒有機械施工的條件下，全靠人力拆卸裝運，艱苦程度可想而知。加上白天要躲避敵機轟炸，只好在夜間進行工作，倘若沒有一股同仇敵愾、奮不顧身的精神，拆遷的艱難就幾乎無法克服。鋼鐵廠遷建委員會從一九三八年六月到一九三九年底，共拆卸轉運設備五萬六千八百餘噸，其中包括拆運漢陽鐵廠設備、材料、廠房、鋼結構件等約三萬噸，各項重要設備一千一百八十七

件。漢陽鐵廠拆遷設備清單詳見表。

表 7-8 漢陽鐵廠內遷設備統計表

單位	設備名稱	規格	數量	備註
煉鐵廠	高爐（舊）	248 米 3	2 座	稱 1、2 號化鐵爐，不能用
	升降機		1 部	不能用
	熱風爐	直徑 6.1 米，高 19.2 米，內 3 座加高至 21.34 米。	8 座	每爐 4 座，公用磚煙囪 1 根
	積灰器		2 座	每爐 1 座
	運料鐵橋		1 只	
	老汽鍋爐	受熱面為 75 米 2	8 只	已壞，附磚煙囪 1 根
	立式雙汽缸抽水機		1 只	已壞
	高爐（新）	477 米 3	2 座	稱 3、4 號高爐
	爐門機		4 座	
	升降機	6000 公斤	2 臺	
	熱風爐	直徑 7 米，高 32.5 米	8 座	每爐有熱風爐 4 座，磚煙囪 1 根
	積塵器	每爐 3 座	6 座	（共 8 座爐，8 根煙囪）
	轉動電力車		1 座	
	洗灰器		1 部	供給鍋爐煤氣用
	上料車		100 臺	

單位	設備名稱	規格	數量	備註
煉鐵廠	裝料渣車	7 米 3	8 臺	
	運料鐵橋		1 臺	
	3 號高爐起蓋蒸汽機		1 臺	
	3 號高爐起蓋用馬達		1 臺	
	3 號高爐鋼板水箱		2 個	閥門俱全
	4 號高爐鋼板水箱		1 只	同上
	3、4 號高爐中間鐵板水櫃		1 只	同上
新化鐵爐打風房	電動鼓風機	風量 55.200 米 3，壓力 0.462 公斤／（釐米）^{2}	1 臺	
3 號打風房	電動鼓風機	風量 25.400 米 3，壓力 0.805 公斤／（釐米）^{2}	2 臺	
	起重機	15 噸	1 臺	
	高爐電氣總開關		1 只	
新高爐鍋爐房	鍋爐	受熱面積為 100 米 2，壓力為 10.5 公斤／（釐米）^{2}	16 座	附大汽笛鋼板煙囪 1 根
	過熱器	受熱面積為 200 米 2	2 座	
	水管式鍋爐	受熱面積為 292 米 2，壓力為 10.5 公斤／（釐米）^{2}	11 座	
	水泵	能力 11.365 米 3／小時，壓力 10.5 公斤／（釐米）^{2}	2 臺	
	打水泵	能力 27.216 米 3／小時壓力 10.5 公斤／（釐米）^{2}	4 座	
	回龍管		2 只	

單位	設備名稱	規格	數量	備註
老鼓風房	立式鼓風機	風量 220 米 3，壓力 0.42 公斤／（釐米）²	3 臺	屋頂有鋼水櫃 1 支
	立式雙缸活塞泵		5 臺	
	離心泵		1 臺	馬達壞，在老天橋下小屋內
鋼條廠	蒸汽剪機		1 臺	
	沖眼機		2 臺	
	角鋼剪機		1 臺	
	鑽眼機		1 臺	
鋼坯鋼板廠	鋸鋼機		1 臺	
	汽錘		1 臺	
	北首地下烘鋼爐		1 座	
	南首地下烘鋼爐		1 座	附馬達 3 部
	夾紅鋼坯電吊車	3.7 噸	1 臺	附馬達 1 部
	中號剪鋼板機	可剪 19-25.4 毫米	2 臺	馬達缺
	大號剪鋼板機	可剪 12.6-25.4 毫米	1 臺	
	鋼板吊車	3 噸	1 臺	附馬達 3 部
	搬運鋼料仙鶴吊	5 噸	1 臺	馬達缺
	倒吸雙汽缸臥式軋鋼板機	3405 公斤	2 臺	
	軋鋼板輥架	牌坊	2 部	
	鋼板壓平機		1 部	電動機缺 3 部
	軋鋼坯輥架	牌坊	1 部	
	烘鋼爐	（均熱爐）	2 座	

單位	設備名稱	規格	數量	備註
鋼坯鋼板廠	搬紅鋼坯電吊車		1 臺	
	起重機	20 噸	1 部	
	小汽錘		1 臺	
	車床		1 臺	
	鑽床		1 臺	
	老虎鉗		13 臺	
	紅爐		4 座	
	磨石		1 塊	
鋼軌廠	倒順車雙汽缸汽機	4474.2 千瓦	1 臺	
	倒順三缸汽機	8948.4 千瓦	1 臺	
	鋼軌輥架		5 部	
	起重機	20 噸	1 臺	
	鋼料輸送輥道（應用雙缸汽機）		3 臺	
	剪紅鋼坯機		1 臺	
	鋼坯剪機		1 臺	
	電力圓鋸機		1 臺	
	鋼軌及魚尾夾板沖眼機		1 臺	
	鋼軌及角鋼壓平機		1 臺	
	鍋爐		19 臺	附磚煙囪 2 根，鋼板煙囪 2 根
	回龍熱水管		1 部	
	過熱器		1 臺	

單位	設備名稱	規格	數量	備註
鋼軌整理廠	角鋼槽鋼壓平機		1臺	缺電動機
	鋼軌壓平機		4臺	實收2臺
	鋼軌刮頭機		8臺	實收4臺
	鋼軌鑽眼機		5臺	實收4臺
高爐修理房	剪沖機	大號	1臺	
	小龍門刨床		1臺	
	鑽床		3臺	
	水石機		1臺	
	砂輪機		1臺	
	雙臺牛頭刨床		1臺	
	車床		4臺	
	大車床	4.2米	1臺	
	臥式汽機	29.8千瓦	1臺	
	管子螺絲車床		1臺	
	汽錘	500公斤	1臺	
	風箱		2部	
	鋸木機		1臺	
	泵浦	冷磅	2臺	
	葫蘆		4個	
	老虎鉗		21臺	
	打鐵砧		4只	
	紅爐		7座	
翻砂廠	鼓風機		3臺	
	起重機	30噸	1臺	大鉤30噸，小鉤10噸

單位	設備名稱	規格	數量	備註
翻砂廠	沖天爐	大號	3座	
	沖天爐	小號	1座	
	烘模房		4間	
	反射爐		2座	
	磨砂機		2臺	
	起重機	手搖5噸	1臺	
	鐵水桶		3只	
機器廠	落地大圓車		1臺	
	龍門刨	1.5×4米	1臺	
	圓鋸		1臺	
	活動橫鑽床		1臺	
	落地大車床		3臺	
	龍門刨	14×40米	1臺	雙刀架
	圓盤大銅床		1臺	
	鋸料床		1臺	
	活動橫鑽床		1臺	
	小磨車		2臺	
	立式銑床		1臺	
	小鑽床		1臺	
	中鑽床		1臺	
	.小圓盤銅床		1臺	
	中號鑽床		1臺	
	小號鑽床		1臺	
	小車床	1.8×0.2米	1臺	
	小車床	1.2×0.2米	2臺	

單位	設備名稱	規格	數量	備註
機器廠	小車床	1.5×0.28 米	2 臺	
	小車床		1 臺	
	牛頭刨床	雙刀臺	1 臺	
	生鐵大平臺	3.66×0.1 米	1 臺	
	刮眼床		1 臺	
	撥槽機		1 臺	
	鋸齒機		1 臺	
	車床	2.4×0.25 米	1 臺	
	刻銼刀機		2 臺	
	手搖磨刀機		2 臺	
	小六角車床		1 臺	
	絞螺絲車床		1 臺	
	中號六角車床		1 臺	
	老式車床	1.2×0.25 米	1 臺	
	老式車床		1 臺	
	老式車床		1 臺	
	大磨刀機		1 臺	
	水石機		1 臺	
	生鐵平臺		1 臺	
	小車床		13 臺	
	牛頭刨床	雙臺	1 臺	
	絞木螺絲車床		1 臺	
	水石機		1 臺	
	起重機	20 噸	1 部	
	電焊車		1 臺	

單位	設備名稱	規格	數量	備註
機器廠	手搖起重機	20 噸	1 臺	
	臥式蒸汽機		1 臺	
	老虎鉗		30 臺	
	大汽錘	681 公斤	1 臺	
	小汽錘	277 公斤	1 臺	
	老鍋爐		2 臺	
鉤釘廠	小剪釘機		1 部	
	打六角螺帽機		1 臺	
	臥式打鍋釘頭機		3 臺	
	立式打鍋釘頭機		2 臺	
	沖平眼機		2 臺	
	絞木螺絲車床		2 臺	
	絞螺帽機		2 臺	
	小沖平眼機		2 臺	
	立式打鉤釘腳機		2 臺	
	倒身絞長螺絲機		2 臺	
	沖眼機		1 臺	
車轆廠	皮帶轉動輥輪車床		3 臺	殘缺
	馬達轉動輥輪車床		3 臺	殘缺
	銑輥輪頭機		1 臺	
	鋸床		1 臺	
	起重機	20 噸	1 臺	馬達 3 部失落
	廠外輥輪起重機	5 噸	1 臺	馬達 5 部缺
	水泵		3 臺	

單位	設備名稱	規格	數量	備註
軋鋼廠水泵房	高壓水泵	雙汽缸臥式	1臺	屋上有鋼板水箱1支
	立式水泵		2臺	
水泵房	離心水泵		2臺	屋頂有鋼板水箱1支，水管閥門俱全
	蒸汽水泵	臥式	4臺	鍋爐房打水用
	蒸汽壓力水泵	雙汽缸	2臺	
電機修理	小號車床	0.6×0.15米	1臺	
	小龍門刨		1臺	
	鑽床		2臺	
	磨床		1臺	
	鋸齒床		1臺	
	鋸料床		1臺	
	撥槽床		1臺	
鍋爐廠	水力四用剪刀		1臺	
	剪沖機		2臺	
	三頭鑽眼機		2臺	
	小鑽床		1臺	
	橫鑽床		1臺	
	水力剪角鋼機		1臺	
	三輪小轆車		1部	
	馬達	11.19千瓦	1臺	

單位	設備名稱	規格	數量	備註
鍋爐廠	三輪大轆車		1 部	
	壓下剪機		1 臺	
	沖眼機		1 臺	
	大剪機		1 臺	
	鼓風機		1 臺	
	水泵		1 臺	
	鍋爐用水泵		1 臺	
	鍋爐		1 臺	
車路處	大機關車	載重 150 噸	10 輛	
	中機關車	80 噸	3 輛	
	小機關車	60 噸	2 輛	
	小斗車	10 噸	15 輛	
	大斗車	25 噸	30 輛	
	普通平車	12 噸	60 輛	
材料試驗室	拉力、壓力試驗機		1 臺	
	油壓拉力試驗機		1 臺	
	試鋼軌機		1 臺	
渣磚廠	燒石灰窯		2 座	
	蒸汽機		2 臺	
	壓磚機		3 臺	
	混合機		2 臺	
	篩砂機		1 臺	
	交流電動機	74.5 千瓦	1 臺	
	水泵		1 臺	
	鍋爐		2 座	附鋼煙囪 1 根

單位	設備名稱	規格	數量	備註
制磚	燒磚圓窯		2 座	
	燒磚方窯		5 座	
	碎石機		2 臺	
	運石升降機		1 臺	
	燒石爐		6 座	
	和白雲石末機		1 臺	
	燒可爾太油爐		2 座	

此表見《漢冶萍公司志》，華中理工大學出版社，1990 年，第 174-182 頁。

　　鋼鐵廠遷建委員會除拆遷漢陽鐵廠設備三萬餘噸外，還拆運了以一百二十萬元購買的私營揚子鐵廠日產一百噸高爐一座及耐火磚、錳礦三千七百噸，大冶鐵廠礦器材三千二百五十噸[8]，運兵工署所屬各廠處庫及有關各廠二萬噸。

　　漢陽鐵廠拆遷由於難度大、過程長，在起運前就屢次發生挫折。一九三八年七月十九日，日本飛機轟炸漢陽鐵廠，炸死史漢生等五人。八月十一日和十六日，敵機轟炸了漢陽鸚鵡洲待運木駁數隻，傷一人，死二人，其中漢陽鐵廠拆卸待運的二座鍋爐及其他設備被炸毀。起運開始後，漢陽鐵廠從漢口搬到重慶，沿途分設了七個運輸站與辦事處，工作人員一百零八人，承包的轉運工人達一千多人。鋼鐵廠遷建委員會在漢口、岳陽、宜昌、重慶

8　劉明漢主編《漢冶萍公司志》，華中理工大學出版社，1990 年，第 183 頁記作 3227.503 噸。

等地征雇和自行指揮的船隻，計有海輪十一艘、江輪二十七艘、炮艦二艘、鐵駁四艘、拖輪十七艘、木駁船二百一十八艘、川江白木船七千隻，此外還陸續交由漢宜、宜渝航運段商輪附帶運輸。[9] 在轉運過程中，計炸毀和在川江失事沉沒的船隻有一百二十七隻，丟失機料、火砭二千多噸。例如，裝在木駁上的 2500 kVA 發電機一臺及鍋爐三座，計一百八十多噸，十月二十三日在城陵磯被追蹤而來的日本飛機炸沉。十一月十七至二十日，敵機連續空襲宜昌，炸毀漢陽鐵廠機件材料一百四十九噸。

漢陽鐵廠內遷的直接損失，除了上述在拆遷過程中的損失外，還有大量無法搬運的設備財產被迫毀棄。在武漢淪陷的前一天，即十月二十四日晚十一時，武漢衛戌司令部和警察局派爆破隊，炸毀了漢陽鐵廠的四百五十噸高爐、熱風爐、總公事房、俱樂部、廠巡處、衛生股、物料庫、鄰德里住宅、山邊棧房、三碼頭大鐵架 [10]。抗戰勝利後經漢冶萍公司清理委員會一九四八年折算為一九三七年上半年時價，漢陽鐵廠（包括大冶鐵廠礦一小部分機件）拆遷設備總價值，1414900 元，剩餘財產（主要是房地產）為 198000 元，兩項合計 1612900 元。而抗戰前一九三七年

9　《鋼鐵廠遷建委員會遷建概況（節錄）》，湖北省檔案館編《漢冶萍公司檔案史料選編》下冊，中國社會科學出版社，1994 年版，第 741 頁。

10　劉明漢主編《漢冶萍公司志》，華中理工大學出版社，1990 年版，第 173 頁。

漢陽鐵廠固定資產為 19155400 元，前者僅約為後者的 8.4％！[11]
可見拆遷給漢陽鐵廠造成的財產損失是多麼巨大。

　　至於漢陽鐵廠內遷的間接損失，除高額的搬遷費用外，還有
停產損失、另建新廠支付的購地費、人工費以及各種材料設備的
購置費等。在轉運漢陽鐵廠設備的同時，另有一批人員在重慶大
渡口及綦江、南桐開始籌建煉鐵廠和煉鐵所需的鐵礦、煤礦。因
運輸梗阻，所需器材不能如期運達，加上原有設備缺損，需要修
理配置，漢陽鐵廠的遷移重建歷經五年，直到一九四三年三月方
告竣工。其中的各種損失，無法一一列算。

　　位於武昌下新河的裕華紗廠，是民族資本家徐榮廷、蘇汰
餘、張松樵等人於一九二一年創辦的大型民營紡織企業，投資額
300 萬元，機器馬力 1764 匹，員工 2400 餘人，拆遷前有紡紗機
43416 錠，織布機 504
臺，每月承制軍用布
20000 匹，利潤豐厚。一
九三八年一月，日本飛機
開始頻繁轟炸武漢，國民
政府動員工廠內遷，該公
司「一方面赴渝採購場
地，一方面準備拆機裝箱

・紡紗、編織、染紡等工廠從漢口遷往寶
雞，圖為遷徙時該廠職工在窯洞安家

11　劉明漢主編《漢冶萍公司志》，華中理工大學出版社，1990 年版，第
　　188 頁。

及佈置運輸各事宜。而廠內生產工作，仍按照拆遷步驟，努力進行於不懈，自二月開始啟運，至八月初間始整個停工，所有重要機貨均全部首途」。[12] 裕華紗廠的設備與貨物運抵宜昌後，因當時進川貨物太多，運輸船只緊張，整個宜昌貨積如山，無法上運。該廠在宜昌設立辦事處，將紗機堆放招商輪船局上下貨棧，布機存放宜昌對岸五龍橋。敵機於十一月十八日、二十日、二十六日數次對宜昌狂轟濫炸，裕華廠損失機棉約 4000 包，棉紗數十包，布機 200 臺左右。機貨損失費合計 218 萬餘元（一作 2193330.59 元），具體包括：「計機棉實損 3874 包，以原價扣算，共值 573000 餘元；機器炸毀 880 箱，以運出機器 1 萬餘箱，按財產目錄之機器總值扯計，亦共值 26 萬餘元；其餘沿途破損之機物料，損失十分之二以上；此外，當武漢撤退，局勢非常，屬於次要之蒸汽機全部及黑油發電機、三道粗紗機、天條、掛腳等原值 57 萬餘元，不及遷出，為敵所掠。」[13] 其留在武昌的廠房則被日軍強佔為軍用倉庫。裕華紗廠於一九三九年初在重慶動工建廠，同年七月復工，又先後兩次慘遭日軍飛機轟炸。第一次在一九四〇年八月二十三日，「敵機轟炸南岸，裕廠中彈多枚。關於廠屋部分，木質者全部焚毀，鋼骨水泥者所損較輕。此外，尚有水池及工房亦有一部分破壞，廠內正在裝置之紗機損毀

12　《裕大華紡織資本集團史料》編輯組編《裕大華紡織資本集團史料》，湖北人民出版社，1984 年版，第 282 頁。

13　《裕大華紡織資本集團史料》編輯組編《裕大華紡織資本集團史料》，湖北人民出版社，1984 年版，第 330 頁。

五千錠」。第二次是在一九四一年八月十一日，「敵機兩批空襲渝廠，投彈兩百餘枚，大多數落在江中與山上，廠內只落數枚。工房毀一部分，其餘房屋被震毀者頗多，機器、貨物基本無恙。然此次所損如修復完整，亦非一百五十萬元不可」。[14]

裕華紗廠間接損失涉及面更廣，除了在西遷過程中的停工停產外，還包括下列各種費用：

拆遷費二百一十萬元，具體包括以下項目：「武昌裝箱及漢口打包費十一萬五千元；起運下駁力資十一萬一千餘元，漢宜段水腳二十三萬一千餘元；宜渝段木船水腳以及放空費、津貼費、失吉划水費、押運雜繳等項共七十一萬有奇；宜渝段輪船水腳約計八十八萬餘元；宜〈昌〉、巴〈東〉、萬〈縣〉等處保險費及莊繳十二萬七千餘元。」[15] 裕華紗廠內遷時發給工人遣散費、搬家費，詳見表。

表 7-9 裕華紗廠工人遣散費、搬家費

	7 月 5 日發遣散費		8 月 18 日發搬家費	
	人數	金額	人數	金額
紗廠工人	1494 人	70345.22 元	1606 人	35100 元
布廠工人	393 人	17892.54 元	427 人	8540 元
碼頭工人	42 人	1680.00 元	——	——

此表見《裕大華紡織資本集團史料》，湖北人民出版社，1984 年版，第 322 頁。

14　《裕大華紡織資本集團史料》編輯組編《裕大華紡織資本集團史料》，湖北人民出版社，1984 年版，第 343 頁。

15　《裕大華紡織資本集團史料》編輯組編《裕大華紡織資本集團史料》，湖北人民出版社，1984 年版，第 330 頁。

在內遷過程中，有的企業員工被炸傷亡。如任裕華紗廠重慶籌備處主任及經理的許舜五，在一九四〇年十二月十二日下午聽到空襲警報，他手執話筒指揮佈置防空措施，突發腦溢血頓時氣絕，企業不能不為之料理喪事，撫恤遺屬。另外，早在內遷之前，裕華紡織公司為了避免日軍飛機的轟炸，與比利時在漢銀行義品放款銀行簽訂一百萬元虛假借款抵押合同，抵押期限一年，以換取廠房、貨物懸掛或覆蓋比利時國旗的許可，為此，裕華公司名義上「聘任義品銀行大班項綏而充任押款部分之經理，由其聘用機械工程師、會計師各一員，總稽核一員，又翻譯一人，幫辦會計一人，月支經費約三千五百元。」[16]

裕華公司遷到重慶復工，僅購買地基約二百八十畝地，就花費十一萬七千六百元[17]，此外還要建設廠房、添置設備。以上費用名目已嫌繁瑣，但仍未包括該廠遷建所發生的所有花銷。如該廠拆遷新廠地原有房屋、墳塋時給事主的搬遷補償費，在建廠過程中租用當地齊安公所辦公和堆放機器的租賃費。這些費用，都是由於日本侵華而增加的企業負擔。在重慶復工後，因電力不足、設備殘損、物料缺乏，加上敵機空襲，開工不足，設備利用率低。詳見表。

16　《裕大華紡織資本集團史料》編輯組編《裕大華紡織資本集團史料》，湖北人民出版社，1984 年版，第 306 頁。

17　《裕大華紡織資本集團史料》編輯組編《裕大華紡織資本集團史料》，湖北人民出版社，1984 年版，第 331 頁。

表 7-10 裕華渝廠紗機利用率統計表

年份	設備數（錠）	開車數（錠）	開車率（％）
1937.12	43416	43416	100.00
1939.12	46560	11000	23.63
1940.12	46560	14831	31.85
1941.12	46560	21109	45.34
1942.12	46560	23713	50.93

此表見《裕大華紡織資本集團史料》，湖北人民出版社，1984 年版，第 354 頁。

表 7-11 裕華渝廠一九三九年下半年停工工時統計表

月份	停工工時	其中	
		動力故障	空襲
7	97	——	——
8	83.55	17.50	30.05
9	66.05	8	22.50
10	54.55	0.25	30.30
11	38.40	0.30	2.10
12	43.25	0.15	7.10
合計	383	26	92

此表見《裕大華紡織資本集團史料》，湖北人民出版社，1984 年版，第 355 頁。

　　至於裕華等大批內遷企業自國外進口機器和原料，因戰爭的梗阻、內地路途的遙遠造成的成本升高，更在預料當中。「自抗戰展開，海運封鎖，向之機物料來自國外者，此時幾有斷絕之虞，即略有少數迂回而至者，其成本竟超過以前數倍至十數倍以

上。」**[18]** 另外，還有工廠遷渝後招收練習工的培訓費等。

以上還只限於企業方面的直接、間接損失，企業工人因抗戰和工廠內遷導致名義工資增長緩慢，實際收入減少，也是不應忽略的一個方面，詳見表。

表 7-12 抗戰時期裕華漢、渝、蓉三廠生產工人實際工資變化表

（金額單位：按重慶市零售物價指數折成 1937 年上半年法幣元）

年度	廠別	生產工人實際工資		紗廠直接生產工人實際工資		布廠直接生產工人實際工資	
		金額	定比	金額	定比	金額	定比
1937 年（1-6 月）	鄂廠	17.07	100.00	16.08	100.00	16.85	100.00
1937 年（7-12 月）	鄂廠	17.08	100.06	15.70	97.64	17.87	106.05
1938 年（1-8 月）	鄂廠	17.63	103.28	14.10	87.69	16.10	95.55
1939 年（7-12 月）	渝廠	10.01	58.64	10.65	66.23	—	—
1940 年	渝廠	5.62	32.92	4.29	26.68	—	—
1941 年	渝廠	5.62	32.92	2.93	18.22	—	—
1942 年	渝廠	4.50	26.36	2.34	14.55	—	—
1943 年	渝廠	6.23	36.50	3.00	18.66	—	—
1944 年	渝廠	2.32	13.59	2.32	14.43	—	—

---

18 《裕大華紡織資本集團史料》編輯組編《裕大華紡織資本集團史料》，湖北人民出版社，1984 年版，第 284 頁。

| 1945 年 | 渝廠 | 7.80 | 45.69 | 4.37 | 27.18 | — | — |
| 1945 年 | 蓉廠 | 3.98 | 23.32 | 2.24 | 13.93 | 2.16 | 12.82 |

此表見《裕大華紡織資本集團史料》，湖北人民出版社，1984 年版，第 496 頁。

由上表可以看出，內遷紡織工人實際工資平均不及戰前一半。這在當時是一個普遍現象，決不止裕華紗廠一家。

以上對漢陽鐵廠、裕華紗廠的損失狀況進行了系統考察，除此以外，根據史料記載的完整性，附帶對部分企業的情況略加介紹。

榮家在漢企業申新第四紗廠（申新四廠）與福新第五麵粉廠（福新五廠），起初被工礦調整處指定遷往陝西寶雞，該廠嫌該地過於荒涼，在遷陝的同時，要求將一部分設備遷往四川重慶。申新四廠與福新五廠於一九三八年八月中旬開始全面搬遷，為此並向工礦調整處預借遷移費十五萬兩千百元。到武漢棄守前，兩廠遷往重慶的設備有：紗機一千萬錠，布機八十臺，整理機、漂

・申新紗廠遷至陝西寶雞後，在窯洞設立紡紗工廠

染機以及一套日產五百包麵粉的設備；遷往寶雞的設備有：紗機二萬錠，布機四百臺，另有日產三千袋麵粉設備及三千千瓦發電

・寶雞申新紗廠搖紗車間，女工在搖紗

機一組，此外尚有一部分建築材料。由於申新四廠與福新五廠兩廠是在形勢危急時實施搬遷的，遷往重慶的貨物因輪船難雇，一部分貨物只能雇木船裝運，結果一臺一千四百匹馬力的發電機和二百多箱粗、細紗機因翻船沉入江中。兩廠在內遷中共損失紗錠二萬枚，布機六百九十臺，一套日產一萬袋麵粉的設備，漂染機、整理機的大部分，以及其他設備。申新四廠重慶廠於一九三九年一月二十日開工，有紗機五千錠，布機八十臺，男工一百二十名，女工四百三十名，月產棉紗約二百二十件。福新五廠於同年五月一日復工，有男工三十五名，月產麵粉一萬四千包。申新四廠、福新五廠兩廠遷往重慶、寶雞後，需要添置大量設備與零配件，先是通過上海、香港、廣州買進，或取道越南海防經滇越鐵路內運，廣州淪陷後，又改道緬甸仰光由滇緬公路內運。為了解決調運原料等貨物的困難，兩廠還於一九四一年成立了交通運輸大隊，設立運輸站，自備四十餘輛卡車，並經常租用卡車跑長途運輸。在短距離運輸中，兩廠還配有騾馬大車數十輛，此外還成立了嘉陵江水道運輸隊，自備木船轉運貨物。為了維修和制造設備並滿足燃煤的需要，遷至寶雞的申新四廠與福新五廠還在一九四一年初和一九四二年十一月共同開辦了寶雞鐵工廠和寶興煤礦公司。不難想見，上述景況大大增加了該廠的生產成本與額外開支。

南洋兄弟煙草公司漢口分廠於一九三八年九月二十日停產內遷重慶，搬遷設備占全廠設備的五分之四，該廠於次年春復工。此前在重慶購場地四畝，支付地價八千元美金。該廠開工後不久即遭敵機轟炸，廠房設備全部燒毀。後經恢復生產，可產量很低。從開工到一九四五年，七年中僅生產香煙一萬九千零八十一箱，年平均生產捲煙二千七百二十六箱，只略高於該公司戰前一個月的生產量。

呂方記機器廠，戰前是武漢最大的軋花機製造廠，年產軋花機 900 部，武漢企業內遷時，該廠除一部分設備運往陝西外，未拆完的機器被日軍拆毀殆盡。

二、武漢內遷工業總體損失估算

與人口傷亡、房屋毀壞等損失統計相比，武漢內遷工廠的損失尤其是全市總損失量的重新估算最為繁難。原因主要在於：第一是絕大多數企業直接損失的失載。在武漢二百五十餘家內遷企業中，留下具體損失記載的企業不足七十家，尚不及內遷企業總數的三分之一。第二是間接損失計算的困難。內遷企業對自身的間接損失完全沒有統計，現在重新估算，既缺乏完整的原始根據，也沒有理想的估算方法。現在，我們只好一方面儘量網羅介紹武漢內遷企業的部分狀況，一方面設法查找利用當時的一些統計資料。

儘管這裡是研究武漢內遷工廠的損失，但武漢內遷工廠的損失卻並不僅僅是從內遷開始的。「七七事變」後，受戰爭及市場蕭條的影響，武漢工廠除生產與軍用品有關者外，有的因產品滯

銷而減產，有的因原料價格上漲而虧損，不到半年時間工廠倒閉二百七十七戶，占全省工商倒閉戶數的 36.7％。[19]一九三八年七月日軍侵入湖北省境，湖北成為武漢會戰的主要戰場。同年十月武漢棄守後，湖北中東部三十四縣淪為敵佔區和遊擊區，生命與財產損失「情況之慘，為數之巨，實為古罕有之浩劫也」。[20]

　　作為湖北省會，武漢居華中腹心，扼長江險要，不僅是歷代兵家必爭之地，也是近代中國的經濟重鎮，「正以地位之重要，所受抗戰之損失，亦特別慘重。」[21]這從上節介紹漢陽鐵廠、裕華紗廠等內遷損失時已可看出，這裡再分項加以論述。

（一）撤離武漢前的損失

　　由於一些企業猶豫觀望，動遷較晚，危急慌亂中一些企業設備一開始就遭到嚴重損失。例如，震寰紗廠與常州的大成紗廠合資生產，在拆遷前有紗錠二萬六千三百三十六枚，織布機二百五十臺，每月承制軍用布一萬二千匹。內遷時在拆遷了震寰紗廠的一萬六千紗錠後，大成紗廠的三千紗錠未能拆遷。震寰紗廠一部四百馬力的蒸汽機只運走一根主軸，來不及運走的二百五十臺布機存放在漢口打包公司和德租界高寶堆疊，日軍佔領武漢後被掠走；裕華紗廠遺留的動力設備，在武漢淪陷後損失大半，三道粗

19　武漢地方志編纂委員會主編《湖北省志・工業志》，湖北人民出版社，1995 年版，第 34 頁。

20　湖北省政府秘書處編制《抗戰兩年來湖北省公私損失統計・弁言》。

21　湖北省政府秘書處編制《抗戰兩年來湖北省公私損失統計・弁言》。

紗機等原值五十七萬元的財物為日軍所掠，廠房被日軍用作倉庫。福新五廠一套 1000kW 的發電機拆卸裝箱後，在運往劉家廟途中沉於漢江。申新四廠最後一批機件貨物用兩節火車皮起運，行至武勝關遭遇戰火折返漢口，二萬枚新紗錠及三九五臺布機堆放於漢口英商萬安、怡和洋行及美商中國汽車公司的倉庫內，均被日軍劫走；湖北官布局堆放劉家廟待運的不少設備未來得及起運；武昌市政處所屬武昌電廠總容量 4700kW 的電機，只拆運一小部分機器、儀錶，其餘部分在

·武漢抗戰時，曹祥泰機器廠慘遭日機轟炸

武漢撤守的前一天全部炸毀。漢陽鐵廠遺棄炸毀的設備廠房更多，詳情已見前述。武漢各企業內遷時來不及轉移的物資原料均被日軍洗劫一空，僅大宗物資即有：棉花一百二十多萬擔，桐油七百噸，牛皮二千餘捆（每捆 300 餘斤），豬鬃二千多箱（每箱 133 磅），生漆五百多噸，木耳二千多擔，及大量的瓷器、杉木、粉絲、煙葉、黃麻、毛竹、中藥材等。

（二）內遷過程中的損失

　　由於戰爭局勢緊張，運輸工具奇缺，加上敵機的跟蹤轟炸，鬧得人心惶惶，使得搬遷過程充滿擁擠混亂。內遷企業沿途損失比比皆是，幾乎無一倖免。例如據一九四五年九月湖北省建設廳

紗布局遷建籌備處主任劉光興報告：「紗局原有紗錠五萬枚；布局紗錠四萬枚，布機八百臺。於二十七年七、八、九月連遭敵機轟炸，致房屋與機器損失甚重。嗣奉令遷廠，經省府會議決議，由平漢、隴海聯運，遷往陝西寶雞。只以時間促迫，至十月六日信陽失守，交通絕斷，實則運到者尚不及二萬錠，布機僅有百五十臺。其所餘紗機七萬餘錠、布機六百五十臺、原動全部，自十月二十二日撤退後完全損失。」該報告附有紗布局主要機器損失統計，詳見表 [22]。

表 7-13 湖北紗布局機器損失統計表

部別	機別	數量	附注
紡紗	解包機	4 部	
	松棉機	3 部	
	和花缸	3 部	
	彈花機	20 部	
	梳花機	292 部	
	並條機	30 套	
	頭道粗紗機	30 套	
	二道粗紗機	49 部	
	三道粗紗機	97 部	
	細紗機	192 部	合 7 萬餘錠
	搖紗機	550 部	

22　湖北省檔案館 LS31-6-422。

部別	機別	數量	附注
織布	織布機	650 部	
	漿紗機	4 部	
	筒子機	7 部	
	整經機	7 部	
	印布機	1 部	
	摺布機	3 部	
	壓布機	1 部	
	刮布機	2 部	
	蒸汽機	2 部	
	6 節臥式鍋爐	7 座	
	柴油機	1 部	
	75kW 發電機	1 部	
	30kW 發電機	2 部	
其他附屬機器物料不及一一備載。			
上列紡織機器為英國 Asa Leas Brooks & Doxey 及 Platt Bratchors & Co. 等廠出品，合併聲明。			
湖北省建設廳紗布局遷建籌備處主任劉光興填報　　　　　民國三十四年九月			

一九三八年十一月間，敵機多次轟炸宜昌五龍橋，致使堆放在那裡的震寰、申新、裕華、周恆順等武漢民營企業的物資遭受重大損失，其中僅裕華紗廠一家，就損失設備、原料價值二百一十八萬元，詳細情況可見前節記述；省營織麻局三千多噸物資經宜昌、巴東轉運到萬縣時，僅剩二千噸，各項損失達二千多萬元。

一九三九年一月常德至宜昌新航線開闢後，一批運往湘西的武漢民營工廠，經牛鼻灘、魏堤湖、漢壽、酉港、安鄉、何家潭、黃金堤、公安、李集臺、沙道觀、松滋、枝江，歷時兩個多月始抵宜昌。如漢口五豐麵粉廠，先遷往湘西桃源，一九三九年十月因湖南形勢緊張又遷往四川。該廠雇木船分三批先運往宜昌，時值冬季，常德至宜昌間航道水淺，所雇二十三艘木船經過三個月艱難航行，於次年三月底才到宜昌。民生機器鐵工廠，一九三八年夏由漢口內遷湖南衡陽建廠復工，一九四四年衡陽淪陷前夕，員工帶機器設備輾轉前往重慶，抵渝後組建衡陽機器廠。該廠搬運途中，機器材料在祁陽冷水灘、桂林六甲一帶被敵機炸毀，遺留衡陽的廠房也毀於戰火。據該廠戰後統計，戰時損失車床、刨床、鑽床十六部，煤氣、蒸汽引擎二部，蒸汽泵浦二部，印度式紡紗機五部，工具、原料三十噸，廠房一棟四十五間。[23]

(三) 到達大後方的損失

當時還有不少內遷企業，經過長途的輾轉搬遷，資財耗盡再也無力復業。有的企業因設備不全或資金不足難以單獨復工，只能與其他廠合併或將機器轉租。如武昌震寰紗廠，因運放在宜昌的紗機五千錠，零件殘缺，資金困難，無法繼續上運，只好租給搬遷重慶開工的裕華紗廠，由裕華紗廠運至重慶使用。截至一九四〇年，全國民營企業內遷共四百五十二家（一說 448 家），在

---

23 行政院善後救濟總署湖北分署工礦復員調查表，LS30-1-93（2）。

搬遷後復工的僅有三百零八家，約占內遷總數的百分之七十。

內遷企業除了拆遷搬運、停工停產以及生產成本增高、利潤減少等給企業主帶來的損失外，同時也給企業員工生活和收入

·裕華紡織廠遷重慶後，迅速生產棉紗，以供軍需民用。圖為女工上夜班紡紗

造成嚴重影響。搬遷開始後，企業職工冒著生命危險，沒日沒夜地拆卸搶運，面臨的卻是企業裁員減薪的境況。被留下的職工經過千辛萬難輾轉到達大後方，復工後他們每天工作十幾個小時，實際收入卻十分微薄。相關統計表明，抗戰時期大後方工人的實際工資較戰前都有減少，尤其是在戰時首都重慶，一九四〇年後收入直線下降。在這方面，前面所說裕華渝廠的情況可見一斑。在崗工人儘管工資微薄，畢竟還可勉強糊口，那些因拆遷減員或停工停產而失業的員工，失去了飯碗，連回家的路費也得不到，有的流離失所，有的活活餓死，提起更令人心酸。

關於八年抗戰時期武漢工業或內遷工廠的損失，未見系統統計，這裡提供幾組相關統計資料以供參照。一是湖北省政府秘書處一九三九年八月編制的《抗戰兩年來湖北省公私損失統計》工業類，據當時統計與估算，自一九三七年七月到一九三九年六月，湖北省工業直接損失 17615168 元，工業間接損失 98160861

元，兩項合計損失 115776029 元。[24] 其中，湖北省民營工廠直接損失 11854500 元，間接損失 89721500 元，兩項合計損失 101576000 元，占湖北省工業總損失量的 87.7％；湖北省營工廠直接損失 5760668 元，間接損失 8439 361 元，兩項合計損失 14 200029 元，占湖北省工業總損失量的 12.3％。湖北省省營企業與民營企業損失詳見表 [25]。

24 湖北省政府秘書處編制《抗戰兩年來湖北省公私財產直接間接損失統計圖》《抗戰兩年來湖北省公私財產損失分類比較圖》。
25 湖北省檔案館 LS2-1-146。

表 7-14 抗戰兩年來湖北省省營工廠損失估計表

廠名	所在地	總計	直接損失（元）					間接損失（元）			備註
			共計	廠屋	機件	設備	其他	共計	生產減少	拆遷費	
總計		14200029	5760668	320000	5045668	255000	140000	8439361	8071000	368361	
紗布絲蔴四局	武昌	12090000	4600000	200000	4200000	100000	100000	7490000	7200000	290000	紗布局一部分遷寶雞，一部分遷巴東、益陽，蔴局遷萬縣，四局遷出機件，僅占全部的二分之一。
白沙洲造紙廠	武昌	9148						9148		9148	遷巴東。
官紙印刷局	武昌	42000	42000	40000		2500					
官磚廠	漢陽	75000						75000	75000		
航務處修船廠	武昌	353381	25668		25668			327713	270000	57713	遷萬縣。
武昌水電廠	武昌	1320000	1040000	60000	800000	150000	30000	280000	270000	10000	該廠僅遷一小部分至巴東，餘均未遷出。
寶善米廠	漢口	310500	53000	20000	20000	3000	10000	257500	256000	1500	該廠僅一小部分遷秭歸。

表7-15 抗戰兩年來湖北省民營工廠損失估計表[26]

城區及業別	廠數	總計	直接損失（元）					間接損失（元）		
			共計	機件	廠屋	設備	原料及製成品	共計	生產減少	拆遷費
總計	603	178354100	22437600	10152400	1996000	6528200	3225000	156520000	146144000	9004000
漢口	505	52737300	8982300	4449200	844000	3188100	501000	43755000	42621000	1154000
水電	1	9601000	6320000	3160000	400000	2760000		3281000	3141000	140000
冶煉	28	2773200	450200	150200	50000	150000	100000	2323000	2143000	180000
金屬品	3	26500	6500	3000	2000	500	1000	20000	20000	
機器	61	1342000	670000	40000	30000	2300	5000	1285000	1260000	25000
電器	7	173100	8600	3000	4000	600	1000	165000	165000	
土石品	16	548300	127500	100000	20000	2500	5000	420800	415800	5000
化學	42	2007000	192000	120000	36000	24000	12000	1815000	1810000	5000
紡織	1	7735000	65000	50000		15000		7670000	7290000	380000
染織	65	2240000	120000	48000	36000	12000	25000	2130000	2100000	20000
麵粉	4	8450000	150000			50000	100000	8300000	8100000	20000
米廠	194	9054000	900000	480000	180000	90000	150000	8154000	3150000	4000

26 此表總計數與分項合計不完全吻合，系照錄原檔案統計表所致。

城區及業別	廠數	總計	直接損失（元）					間接損失（元）		
			共計	機件	廠屋	設備	原料及製成品	共計	生產減少	拆遷費
打包	1	300000						300000	300000	
煙草	1	5354000	170000	100000		50000	20000	5184000	5184000	5184000
木材	6	161000	19000	8000	6000	3000	2000	142000	142000	
印刷	52	1283200	225000	135000	45000	15000	30000	1058200	1013200	45000
服飾品	6	707000	22000	6000	6000	2000	8000	685000	680000	5000
榨油	3	902000	130000	60000	20000	10000	40000	772000	747000	25000
其他	8	99500	19500	6000	9000	1500	3000	60000	60000	
武昌	52	29251000	1316000	179000	97000	44000	1046000	27935000	26391000	1544000
紡織	3	27670000	1130000	100000		30000	1000000	26540000	25000000	154000
染織	8	69000	9000	2000	4000	1000	2000	60000	60000	
化學	1	186000	33000	10000	2000	1000	20000	153000	153000	
米廠	38	1272000	132000	66000	33000	17000	22000	1140000	1140000	
印刷	1	39000	5000		5000		2000	34000	30000	4000
其他	1	15000	7000	1000	3000	1000	2000	8000	8000	
漢陽	46	7179000	614000	438000	82000	29000	65000	6565000	6510000	55000
水電	2	85000	15000	6000	5000	2000	2000	70000	50000	20000
冶礦	2	34000	8000	4000	2000	1000	1000	26000	26000	

城區及業別	廠數	總計	直接損失（元）					間接損失（元）		
			共計	機件	廠屋	設備	原料及製成品	共計	生產減少	拆遷費
機器	13	502000	194000	150000	18000	6000	20000	308000	300000	8000
化學	4	1895 000	81000	50000	10000	6000	15000	1814 000	1800 000	14000
紡織	8	108000	48000	18000	12000	6000	12000	60000	60000	
麵粉	1	2059 000	51000	50000		1300	5000	2008 000	2000 000	8000
米廠	11	370000	100000	75000	15000	5300		270000	270000	
榨油	4	2122 000	117000	85000	20000	2300	10000	2005 000	2000 000	5000
煙草	1	4000						4000	4000	
廣濟	1	255000	195000	130000	16000	44500	4500	60000	60000	
水電	1	160000	150000	100000	10000	40000		10000	10000	
米廠	10	45000	45000	30000	6000	4500	4500	50000	50000	
大冶	5	3997 000	144000	106000	8000	8000	22000	3853 000	3833 000	20000
水電	1	37000	29000	20000	5000	4000		8000	8000	
水泥	1	3942 000	102000	80000		2000	20000	3,853,000	38,390000	20000
米廠	3	18000	13000	6000	3000	2000	2000	5000	5000	
蒲圻	5	850000						850000	850000	
米廠	5	850000						850000	850000	
應城	1	200000	120000	100000	5000	15000		80000	80000	

城區及業別	廠數	總計	直接損失（元）					間接損失（元）		
			共計	機件	廠屋	設備	原料及製成品	共計	生產減少	拆遷費
水電	1	200000	120000	100000	5000	15000		80000	80000	
沔陽	1	160000	100000	80000	5000	15000		60000	60000	
水電	1	160000	100000	80000	5000	15000		60000	60000	
漢川	2	40000						40000	40000	
米廠	2	40000						40000	40000	
蘄春	3	15800	10800	4500	3000	1500	1800	5000	5000	
米廠	3	15800	10800	4500	3000	1500	1800	5000	5000	
浠水	3	18800	12800	6000	3000	1800	2000	6000	6000	
米廠	3	18800	12800	6000	3000	1800	2000	6000	6000	
黃陂	15	145500	25500	12500	5000	3000	5000	120000	120000	
米廠	15	145000	25500	12500	5000	3000	5000	120000	120000	
黃岡	8	387000	25000	7500	10000	5000	2500	362000	360000	2000
染織	8	387000	25000	7500	10000	5000	2500	362000	360000	2000
應山	5	106500	36000	20000	8000	4000	4000	70500	70000	500
米廠	5	106500	36000	20000	8000	4000	4000	70500	70000	30
孝感	23	126500	88000	46000	24000	8000	8000	38500	35000	3500
米廠	23	126500	88000	46000	24000	8000	8000	38500	35000	35000

城區及業別	廠數	總計	直接損失（元）					間接損失（元）		
			共計	機件	廠屋	設備	原料及製成品	共計	生產減少	拆遷費
隨縣	2	21500	6500	2000	1500	2500	300	15000	13000	2000
水電	1	9000	2000			2000		5000	3000	2000
米廠	1	14500	4500	2000	1500	500	500	10000	10000	
江陵	20	5174 500						5174 500	5028 000	146500
水電	1	66000						66000	64000	2000
機器	1	24000						24000	24000	
紡織	1	2610000						2610 000	2500 000	110000
麵粉	2	1030000						1030 000	1000 000	30000
米廠	15	1444500						1444 500	1440 000	4500
宜昌	31	1115000950014500	80000	25000	20000	25000	10000	465000	460000	5000
水電	1	95000	15000			15000		80000	80000	
米廠	30	450000	65000	25000	20000	10000	10000	385000	380000	5000
荊門	2	88000	73000	53000	4000	10500	5500	15000	15000	
水電	1	71000	68000	50000	3000	10300	5000	3000	3000	
米廠	1	17000	5000	3000	1000	530	500	12000	12000	
襄陽	1	24000	13000		5000	8000		11000	8000	3000
水電	1	24000	13000		5000	8000		11000	8000	3000

二是上述《抗戰兩年來湖北省公私損失統計》中的《武漢公私財產損失估計表》，內有一九三七年七月至一九三九年六月兩年間武漢工業公私損失額，直接損失與間接損失合計 103367329 元，占全省工業總損失額 115776029 元的 89.3%，武漢工業損失詳見表 27。

城區及業別	廠數	總計	直接損失（元）					間接損失（元）		
			共計	機件	廠屋	設備	原料及製成品	共計	生產減少	拆遷費
光化	4	218000						218000	200000	16000
水電	1	20000						20000	10000	10000
米廠	2	110000						110000	110000	
麵粉	1	88000						88000	80000	8000
當陽	2	10600	10600	5000	3000	1000	1600			
米廠	2	10600	10600	5000	3000	1000	1600			
石首	1	15000	2000			2000		13000	12000	1000
水電	1	15000	2000	2000		2000		13000	12000	1000
宜都	1	10000						10000	10000	
水電	1	10000						10000	10000	

27 湖北省檔案館 LS2-1-146。

表 7-16 抗戰兩年來武漢公私財產損失估計表

項別	共計 小計	共計 公有	共計 私有	漢口市 小計	漢口市 公有	漢口市 私有	武昌城區 小計	武昌城區 公有	武昌城區 私有	漢陽城區 小計	漢陽城區 公有	漢陽城區 私有
總計	181865 210	155957 598	25907 612	126743 460	117135 393	9608 067	42643 250	26683 638	15959 612	12478 500	12098 647	379853
農業 小計	5113 990	1062 330	4051 660	4051 660		4051 660	1062 330	1062 330				
農業 農林機關	1062 330	1062 330					1062 330	1062 330				
農業 主要農產物	276075		276075	276075		276075						
農業 牲畜	957236		957236	957236		957236						
農業 房屋什物農具及副產	1573 250		1573 250	1573 250		1573 250						
農業 副業及遷移費	1245 099		1245 099	1245 099		1245 099						
工業 小計	117570 158	103367 329	14202 829	53358 300	53047 800	310500	56880 058	43065 529	13814 529	7329 000	7254 000	75000
工業 廠屋機件及設備	20544 436	14920 968	5623 468	8567 300	8524 300	43000	11425 336	5847 668	5577 668	549000	549000	
工業 原料及制成品	1892 000	1752 000	140000	521000	511000	10000	1306 000	1176 000	130000	65000	65000	
工業 生產減少	91664 000	83593 000	8071 000	43133 000	42877 000	256000	41871 000	34131 000	7740 000	6660 000	6585 000	75000
工業 拆遷費	3469 722	3101 361	368361	1137 000	1135 500	1500	2277 722	1910 861	366861	55000	55000	

項別		共計			漢口市			武昌城區			漢陽城區		
	小計	公有	私有	小計	公有	私有	小計	公有	私有	小計	公有	私有	小計
商業	小計	88646250		88646250	69954500		69954500	13392250		13392250	5299500		5299500
商業	房屋	13246250		13246250	7454500		7454500	4242250		4242250	1549500		1549500
	資產	72000000		72000000	60000000		60000000	8500000		8500000	3500000		3500000
	遷移費	3400000		3400000	2500000		2500000	650000		650000	250000		250000
金融	小計		1159000	1159000		928000	928000		134000	134000		97000	97000
	房屋及設備		1074000	1074000		843000	843000		134000	134000		97000	97000
	房租收益		85000	85000		85000	85000						
財政	小計	9043568		9043568	8277941		8277941	557774		557774	207853		207853
	稅收	9043568		9043568	8277941		8277941	557774		557774	207853		207853
	合作		91626	91626		91626	91626						
其他	小計	391059		391059				391059		391059			
	省政府辦公房屋	113719		113719				113719		113719			
	省政府各廳處器具設備	160115		160115				160115		160115			
	省政府遷移費	117225		117225				117225		117225			

說明：本表就可能劃分之失數所統計，凡無法分析地域之損失，如教育、交通及其他各類均未計數列入。

　　三是湖北省航運業損失統計。湖北省號稱千湖之省，又有長江、漢江穿境而過，水網密佈，航運自古發達，近代輪船興起之後，沿江漢口、沙市、宜昌更成為通達海外的開放港埠。二十世紀三〇年代是湖北航運業鼎盛時期，一九三七年六月十六日正式成立了政企合一、官商合辦的湖北省航業局，除管理省營輪駁船外，還代管民營輪船一百多艘。抗戰前夕，湖北省輪船內河航線開闢五十七條，中途停靠點約一百七十處。抗戰爆發後，由於日本飛機的狂轟濫炸，以及抗戰徵用和毀棄，湖北船舶損失慘重，港埠設施大部被毀。據《抗戰兩年來湖北省公私損失統計》航運概說稱「自本省沿江戰事發生，以至武漢放棄，航務處所有船艘，除一部分已駛抵長江上游外，其餘船艘有被軍隊徵用或維持最後交通，致陷沿江各碼頭及襄河一帶未能退出，有駛至中途致被敵機炸沉，總計船艘損失計六十四艘（輪船、駁船、躉船），估值約計 1202000 元，燃料器材及各碼頭設備之損失，約值174724 元。在抗戰第一年間因航輪多供軍運，或疏散難民，致收入大受影響，迨至第二年間敵寇深入鄂境，航線縮短，收入銳減，總計兩年來損失約計 1560000 元。據此次統計結果，航業直接損失計 1376724 元，間接損失計 1568000 元，總計 2944724元」。[27] 另據湖北省航業局局長季雲凌在一九四八年三月報告中稱：「查本局抗戰損失，在二十七年至三十二年間，除各班輪及營業處所損失現款外，所有物資損失計有，本局武昌局址及各營

27　湖北省檔案館 LS2-1-146。

業所修船廠等房屋壹拾玖棟，附辦公器具設備六起，武昌鯰魚套修船廠文昌門修船所修船機械設備兩套，建鄂建黃等輪船壹拾玖艘，鋼木駁船肆拾肆艘，武漢輪渡及內河各碼頭設備伍拾捌處，鋼躉玖艘，木躉肆拾玖艘。以上各項資產購置原價總值壹佰伍拾貳萬玖仟捌佰貳拾柒元，以目前物價指數估計，全部恢復約需國幣壹仟捌佰三拾伍億柒仟玖佰貳拾肆萬元。」[28] 由於湖北省政府秘書處在一九三九年八月統計抗戰損失時，將航運業列入交通門類，與工業並列，所以除了湖北航務處所屬修船廠損失列入湖北省營工廠損失統計外，船舶、碼頭均未列入工廠損失，而湖北航務處亦是政企合一的單位，在撤退中遭受重大損失。航運業損失詳見表[29]。

表 7-17 抗戰兩年來湖北省航業損失總表

總計	2944 724			
直接損失（元）				
共計	船舶	燃料	器材	設備
1376 724	1202 000	29110	12920	132694
間接損失（元）				
共計	營業收入減少		遷移費	疏散費
1568 000	1563 600 [31]		4 00	4000

28 湖北省檔案館 LS31-1-329。
29 湖北省檔案館 LS31-1-329。

表7-18 湖北省航務船舶處船損失估計表

類別	船名	噸位（噸）	估值（元）	損失原因
統計	60	9360	1202 000	
輪船	8	3216	665000	
客船	漢平	1050	300000	在首都烏龍山塞江
客船	建鄂	190	120000	在藕池被敵機炸毀
客船	建黃	76	20000	陷在襄河
客船	榕安	100	20000	陷在漢口
拖輪	漢興	1000	120000	在藕池被敵機炸毀
拖輪	樂平	200	30100	陷在襄河
拖輪	振源	200	20000	在黃石港被敵機炸沉
拖輪	運利	400	25000	在藕池被敵機炸毀
駁船	35	4170	378000	
鋼駁	第四號	360	50000	在斷蓍被敵機炸沉
鋼駁	第八號	360	50000	陷在南京
鋼駁	第九號	360	50000	陷在南京

類別	船名	噸位（噸）	估值（元）	損失原因
木駁	勝利第5號	40	2000	陷在漢口
木駁	勝利第6號	30	2000	陷在沙湖
木駁	勝利第7號	30	1000	陷在武昌
木駁	勝利第8號	30	1000	陷在武昌
木駁	勝利第9號	40	2000	陷在鄂城
木駁	勝利第10號	30	1000	陷在武昌
木駁	勝利第11號	30	2000	陷在新溝
木駁	勝利第12號	30	2000	陷在劉家礦
木駁	勝利第13號	40	2000	陷在漢口
木駁	勝利第14號	4	2000	陷在長江埠
木駁	勝利第15號	20	2000	陷在脈旺嘴
木駁	勝利第16號	40	2000	陷在大咀
木駁	勝利第17號	40	2000	陷在大堤口
木駁	勝利第19號	40	1000	陷在武昌
木客駁	航字第2號	20	1000	在彭家場未拖出

第七章・抗戰初期武漢工業內遷的艱難歷程與重大意義

類別	船名	噸位（噸）	估值（元）	損失原因
鋼駁	第十號	360	50000	陷在南京
鋼駁	第六二號	600	60000	在圻州被敵機炸沉
鋼駁	第六三號	600	60000	在火焰山被敵機炸沉
木駁	第二號	100	3000	在文昌門被敵機炸沉
木駁	第四號	100	3000	陷在襄河
木駁	第五號	100	3000	陷在襄河
木駁	第六號	100	3000	陷在武昌
木駁	第七號	100	3000	陷在武昌
木駁	第八號	100	3000	陷在漢口
木駁	第九號	100	3000	陷在襄河
木駁	第十號	100	3000	陷在襄河
木駁	第一一號	100	3000	陷在大咀
木駁	勝利第三號	40	2000	陷在武昌
木駁	勝利第四號	40	2000	被海軍徵用
木客駁	航字第 3 號	20	1000	在分水咀未拖出
木客駁	航字第 4 號	20	1000	在金口未拖出
木客駁	航字第 5 號	20	1000	陷在漢口
電船	17	1900	169000	
木電	航字第 15 號	30	1000	陷在新溝
木電	沙洋	30	1000	陷在沙洋
木電	張磯港	30	1000	陷在張磯港
木電	嶽口	30	1000	陷在嶽口
木電	蔡甸	30	1000	陷在蔡甸
木電	一碼頭	300	9000	陷在漢口
木電	五航線五艘	500	15000	陷在漢口
鋼電	一碼頭	300	50000	陷在大嘴
鋼電	王家巷	500	60000	
鋼電	武上	150	30000	

原表說明：本表所列數位系根據建設廳航務處廢輪駁損失清冊填列。

表 7-19 湖北省航務處燃料器材損失估計表

名稱	損失數量	損失估計（元）	備註
總計		84035 [32]	
燃料		29110	
煙煤	21.7 噸	8000	
柴煤	190 噸	4750	
汽油	1250 加侖	12500	
機油	280 加侖	3360	
煤油	1 桶	500	
器材		12920	
鐵欄杆架	15 個	1800	
鐵花門格	2 塊	510	
華錨	2 口	600	
鐵板	9 塊	5.00	
磅秤	2 個	200	
雜件	2742 件	3120	內有砧板、空油聽、汽燈、焊藥水、紫銅、挖爐、拷克、鐵條、鐵錘、絲鏈、鐵鏟、紅燈等物。
文具		788	內有筆架、墨水匣、算盤、玻璃板、油印機等物
用具		1062	內有郵磅、卷銅尺、痰盂、行軍床、被枕、馬燈、三方燈、臺富燈、毛巾、毯、雨衣等物

31　原表誤作 42130。

名稱	損失數量	損失估計（元）	備註
家俱		4710	內有沙發、轉椅、茶几、風琴、自行車、寫字臺
			平頭床、玻璃櫃、保險櫃、公斤秤、火爐等
圖書儀器		100	

說明：上列燃料系內據航務處報廳損失清冊，惟既無價值，又無購進時期，故均按時價計算，器材系按戰前價值估計。

表7-20 湖北省航務處各碼頭設備器材損失估計表

碼頭名	損失估值（元）	碼頭名	損失估值（元）
總　計	132694	張磯港碼頭	900
漢一碼頭	10078	嶽口碼頭	1580
武上碼頭	5876	脈旺嘴碼頭	1132
黃陂路碼頭	5625	新溝碼頭	845
大堤口碼頭	3980	蔡甸碼頭	2710
漢王碼頭	5047	天門碼頭	48
鯰魚套碼頭	3110	長江埠碼頭	548
漢陽東門碼頭	4000	劉家隔碼頭	86
武平碼頭	5476	道人橋碼頭	610
武曾船票棚	3720	沙洋碼頭	916
清佳碼頭	5000	毛家口碼頭	380
漢口襄江線三號碼頭	4290	黃陵磯碼頭	915
武平差輪碼頭	2350	峰口碼頭	30
漢陽差輪躉船	3212	沙湖碼頭	1412
武文碼頭	3900	太平口碼頭	920
武昌碼頭	4419	柳關碼頭	260

碼頭名	損失估值（元）	碼頭名	損失估值（元）
武徐碼頭	1858	金口碼頭	4196
漢口襄河線二號碼頭	1500	監利碼頭	15
漢口上江線上碼頭	1076	調弦口碼頭	12
漢口上江線下碼頭	1100	彭家場碼頭	1680
漢口臨江碼頭	100	金水閘碼頭	1064
漢口咸寧上碼頭	87	新堤碼頭	192
漢口咸寧下碼頭	36	簰洲碼頭	32
漢口萬安巷碼頭	1094	武穴碼頭	3730
漢陽川主宮碼頭	3888	蘄春碼頭	1100
漢口第四號下碼頭	3926	石灰窯碼頭	100
漢口上江線第四號碼頭	2832	蘭溪碼頭	1900
漢口下江線二號碼頭	1980	鄂城碼頭	2110
漢口三號碼頭	4244	黃州碼頭	2185
彭市河碼頭	50	陽邏碼頭	1940
多寶灣碼頭	15	團風碼頭	2175
麻洋潭碼頭	10	黃石港碼頭	2000
仙桃鎮碼頭	1094		

原表說明：損失價值均係按照戰前價值估列。此表總計數與分項合計不完全吻合，系照錄原檔案統計表所致。

以上的航業估計表，依其說明，其中僅船舶價值一項系根據該處報告，其餘均是依據該處上報損失清冊估計編列，另外，表中所列數字僅限於省營航業，「至私有船艘，因未據查報，無從估列」。另據《湖北省建設概況》所載《湖北省戰時船舶損失調查表》，湖北地方公有和私營輪駁船，被敵機炸沉、炸毀 44

艘，自行鑿沉 15 艘，陷入敵手 68 艘，在藕池口被政府徵用鑿沉塞江 20 艘，合計 147 艘。其中輪船 83 艘，駁船 48 艘，躉船 16 艘。這裡還不包括輪船招商局與民生輪船公司在湖北境內的船舶碼頭設施。

需要說明的是，本文使用較多的《抗戰兩年來湖北省公私損失統計》，儘管是當時留下來的不可多得的官方統計，但因統計時段只有一九三七年七月至一九三九年六月，未包括此後到抗戰勝利復員六年，加上「此項統計，事屬創舉，材料既不齊全，情況亦多隔膜，範圍廣範，地域遼闊，在此短促期間編制事竣，掛漏謬誤之處，自屬難免」。此外，因統計口徑所限，其中公有財產統計「僅指省營事業，凡屬中央性質者均不在內」。這樣一來，屬於軍政部的漢陽鐵廠、漢陽兵工廠、漢陽火藥廠，屬於財政部的漢口諶家磯造紙廠等國有大型企業，以及租與軍政部的省屬企業製革廠、氈呢廠等內遷損失，既未列入公有統計也未劃歸私營範圍，因此，從研究武漢地區的工業損失看，這份統計在統計時段與涵蓋內容上都存在缺漏不全的問題。武漢內遷企業損失，按理應包括武漢地區工廠從拆遷大後方開始一直到抗戰勝利復員期間，因搬遷所產生的一切財產損失、拆遷費用，以及因成本增加、停產減產造成的利潤減少等，類似統計歷史也曾經做過。抗戰勝利複員後，武漢有關部門依照國民政府統一要求，查報當地抗戰期間財產損失。以損失時價格計算，武昌工商業損失額為 210709166800 元；漢口工商業損失額為 820321249000 元，

內含直接損失 43128669000 元，間接損失 777192580000 元；[32] 漢陽工商業損失額失載，武昌、漢口兩地合計損失 1031030 415800 元。在這組統計資料中，可惜因商業損失無法剔除，武漢工業損失尤其是內遷工廠的損失仍難以求得。

　　儘管武漢內遷企業損失缺乏明晰完整的統計資料，但這並不妨礙通過以上文字記述和相關統計，判斷武漢內遷企業在八年抗戰中的慘重損失情形。

三、內遷給武漢工業發展帶來的嚴重影響

　　武漢企業大規模拆遷以及長達七年的武漢淪陷，不僅讓搬遷企業付出了慘重代價，而且中斷了武漢經濟的正常發展進程，給武漢工業造成了深痛巨創。

　　據湖北省工業協會調查，抗戰勝利後復員的民營工廠二百三十九家，在一九四六至一九四七年間復工者不及戰前二分之一，設備能恢復到戰前十分之七就算最高。先看機器業在抗戰結束後的狀況。一九四五年十二月成立的行政院善後救濟公署湖北分署署長周蒼柏報告：「茲查本省機械工業，戰前原有工作母機四千餘部，戰後僅存六百餘部，損失在百分之八十以上。損失機器器材不下五千餘噸，故各廠礦復工問題十分嚴重，且現存之機械亦複逾齡，窳劣不堪應用，亟待新型機械補充。」[33] 一九四六年七

32　李澤主編《武漢抗戰史料選編》，1985 年內部印行，第 560-561 頁。

33　湖北省檔案館 LS30-1-91-1。

月，該署對武漢市一百五十家機器工廠損失狀況進行調查，報告稱：「以一般現存設備而論，不但簡陋，而機器本身亦多超逾使用年齡。復以戰時期間，各地狼狽遷移，或埋藏於地下者，亦所在皆有，是尤為失去機器本身價值之主因。此乃一般設備之概況。關於製造及業務方面，一般之機廠皆限於社會之需要，經濟之周轉，技術之素質，以及材料之缺乏，而不能發展其業務。各廠目前之工作，概為零星修理及製造壓面機、打米機、印刷機及軋棉機等，以致成品有充斥現象，間有專制縫紉機、軋棉機及織襪機者，比較可貴，此為一般製造及營業之概況。更據各廠之代表人聲稱，目前急劇之困難即為資金之周轉，並懇本署予以貸款之便。」[34] 武漢共內遷官營與民營機器工廠 110 家，其中遷往四川 46 家，湖南 53 家，陝西 3 家，廣西 3 家，貴州及其他地區 5 家。內遷共損失機器 11980 噸，損失材料 3000 噸，合計 14980 噸，占全部工廠損失 29650 噸的 50.52%。[35] 另據一九四七年八月統計，湖北省 68 個民營機械工廠，戰前擁有工作母機 3340 部，到一九四七年僅剩 600 部。機器的前後分布情況是：2 家火柴廠戰前有排板機 15 部，折板機 9 部，戰後分別只有 7 部和 3 部；5 家榨油廠戰前有螺旋榨機 1244 部，戰後僅存 550 部；39 家印刷企業戰前有鉛印刷機 395 部，石印機 130 部，橡皮機 28

34　湖北檔案館 LS30-1-93。
35　武漢地方志編纂委員會主編《武漢市志·工業志》，武漢大學出版社，1999 年版，第 278 頁。

·一九三八年十月中國軍隊撤離武漢前，為免資敵，對漢陽兵工廠實施了爆破

部，戰前只分別恢復到 218 部、64 部和 12 部，僅及戰前一半能力。**36**

戰爭造成的深重影響，資本構成與技術含量較高的機器工業尚且如此，其他輕工業企業的恢復更為艱難。比如像紡織業，湖北省在抗戰爆發前有紗錠 32.2 萬枚，布機 3500 臺。一九三八年夏秋間，紗錠毀於日軍炮火者 91856 枚，落入敵手者 108000 枚，先後有 60 多家企業遷往內地，內遷紗錠共計 122336 枚。其中，遷到四川紗錠 71000 枚，遷到陝西 51336 枚。抗戰勝利後各紗廠陸續返漢，可直到一九四八年僅開紗錠 8.42 萬枚，只及戰前 26%，布機 2320 臺，不足戰前 34%。**37** 其他行業，如電力工業戰後發電機容量比戰前減少 11900 千瓦，生產能力下降 41.9%；船舶工業戰後比戰前減少噸位上萬噸。由於武漢淪陷和企業內遷，社會財產和生產能力損失嚴重，直到新中國成立前，武漢工業都未能恢復到抗戰前水準。

36　湖北省地方志辦公室編《湖北省志·工業志》，湖北人民出版社，1995 年版，第 37 頁。

37　武漢地方志編纂委員會主編《武漢市志·工業志》，武漢大學出版社，1999 年版，第 635 頁。同頁記：內遷紗錠 14 萬餘枚，布機 2000 多臺。一九四六年復員時，武漢只開紗錠 5 萬枚，布機 720 臺，針織襪機 3000 餘部。

第三節 ▶ 武漢內遷工廠成為抗戰後方工業中堅

抗日戰爭初期，中國工業的大規模內遷，被國際新聞界稱為「實業界敦刻爾克大撤退」。[38] 武漢工業內遷因動員較早，計畫周詳，措施得力，加上武漢工業界堅持抗戰的信念和武漢會戰贏得的寶貴時間，獲得的效果最好。它不僅避免了武漢工業被日軍利用的嚴重後果，而且有效保存了中國工業實力，改變了中國西部的工業布局，促進抗戰大後方工業的發展，產品供應軍隊民眾的需要，有力支援了抗日戰爭，為中國抗戰勝利作出了傑出貢獻。正如當時人所說：內遷工廠「在戰時追隨政府，在轟炸威脅下於極度困難中勉為生產，與前方將士之流血衛國確保勝利基礎，其功績無分軒輊」。[39]

抗戰前中國內地工業基礎薄弱。據國民政府實業部統計，一九三七年九月，滇、黔、桂、湘、陝、甘、新疆等省的工廠只有二百三十七家，占全國工廠總數的 6.03％，不及上海廠數的 19％，有些內地省份幾乎談不上什麼近代工業。隨著抗日戰爭的持續進行，日軍侵佔了全國半壁江山，戰時大後方人口驟然增加，軍需民用物品供應緊張。據統計，武漢內遷企業二百五十家，占全國內遷企業總數約 50％、機器裝備總噸位約 80％，成

38　敦克爾克大撤退，指第二次世界大戰期間的一九四〇年英法軍隊大撤退，由於戰役和撤退發生在法國與比利時相鄰的敦克爾克，故名。號稱二戰歐洲戰場規模最大的軍事撤退。

39　田子渝主編《武漢抗戰史料》，武漢出版社，2007 年版，第 671-672頁。

‧湖北麻織廠從武漢西遷四川萬縣後，一九三九年開展基建的情形

為了抗戰後方的工業主體。

　　湖北內遷企業以四川最多，數量達到 98 家，其中絕大多數又集中在戰時首都重慶。政府方面為了使內遷工廠儘快復工，以滿足軍需民用的迫切需求，工大後方最著名的新興工業區。

　　礦調整處駐渝辦事處召集各大工廠負責人蘇汰餘、厲無咎、吳蘊初等開會，成立遷川工廠聯合會，配合工礦調整處，協助各廠完成復工前的各項準備工作。通過對重慶地區自然條件的綜合研究，遷川工廠聯合會確定在江北貓兒石、巴縣李家沱、沙坪壩小龍坎等地建立工業區，其中李家沱工業區發展最快，一時間成為抗日戰爭時期，鋼鐵是中國最重要的戰略物資，鋼鐵工業是國民政府優先發展資助的工業企業。漢陽鐵廠部分機器搬遷至重慶大渡口後，為了適應戰時對鋼鐵的急需，依照遷川工廠聯合會的要求，決定先建設小型冶煉設備進行生產，同時抓緊將機修廠、發電廠、100 噸高爐及中型軋機安裝運行。1939 年 9 月，重慶大渡口鋼鐵廠為了便於原料的供給運輸，接管了綦江水閘，並增設了鋼鐵廠遷建委員會直轄的綦江水道運輸管理籌備處。奉兵工署命令，又將臨近的兵工署第三工廠（即原來的上海煉鋼廠）合併。日本軍隊對重慶大渡口鋼鐵廠的建廠視為眼中釘，1940 年

到 1941 年日軍飛機先後三次轟炸廠區，員工被炸身亡者百餘人，付出了慘重的生命代價。但是，該廠職工為了支援抗戰，將生死置之度外，從未停止建設生產。一九四〇年，重慶大渡口鋼鐵廠兩座 10 噸平爐和 20 噸小型煉

・一九四〇年鋼鐵廠遷建委員會利用漢陽鐵廠、大冶鐵廠、六河溝鐵廠等內遷設施，在重慶大渡口建成抗日大後方最大的鋼鐵聯合企業

鐵高爐率先投入生產；一九四二年，100 噸高爐亦竣工投產；標誌著該廠進入全面生產階段。據統計，重慶大渡口鋼鐵廠從一九四〇年到一九四五年共生產鐵 96057 噸，鋼 28657 噸，鋼材 15456 噸，分別占全國抗戰後方總產量的 90％，65％，40％。

一九四三至一九四五年，該廠提供各兵工廠製造槍炮、彈藥的鋼材占所產鋼材總量的 60％～70％。大渡口鋼廠還開辦了技術訓練班，從一九四〇年成立到一九四五年抗戰結束，共培訓了普通技工二百六十六名，特別技工八十一名，其中的絕大多數人後來都成為鋼鐵廠和其他軍工企業的優秀管理人才和技術骨幹。[40]

抗日戰爭以前，重慶工廠很少。由於內地工業大量遷入，一

---

40 參見重慶大學王利霞碩士畢業論文《鋼鐵工業內遷對抗戰大後方經濟的影響》。

九三八年底工廠驟然增加到二百多家，到一九四〇年上升為四百二十九家，一躍成為中國新的工業中心。再如，抗戰以前重慶的鋼鐵工業尚處於萌芽時期，基本上都是採取土法開採礦石和冶煉，年產量大約在一萬噸。漢陽鐵廠內遷重慶後，合併其他相關企業組建為全國抗戰後方規模最大的鋼鐵廠，對於促進壯大重慶鋼鐵等工業發展，以及支撐整個大後方戰時軍工企業生產，發揮了至關重要的作用。

紡織品是軍需民用的大宗必需品，一開始就受到國民政府的高度重視，組織督促內地紡織企業內遷。在紡織工業方面，湖北內遷規模較大的棉紡織企業有六家，包括武漢的湖北紗布局、裕華、震寰、申新、軍政部門漢口臨時軍用紡織廠以及沙市紗廠，計遷走紗錠 172336 枚，布機 1412 臺。為緩解抗日前線和大後方衣被供應日趨緊張的局面，湖北內遷紡織工廠從一九三八年底開始陸續開工，承擔了戰時棉紡織業生產任務中的很大一部分。遷渝紗廠中最早開工者為申新四廠，該廠選定重慶南岸貓背沱為廠址，到一九三八年底開出紗錠 4500 枚，月出紗 220 件左右。申新四廠在重慶廠開工不久，裕華渝廠亦於同年投產。該廠購得重慶南岸竅角沱 280 餘畝荒蕪土山，因山地坡度甚大，非經開山鑿石，不適於建築紗布廠之用，所以在建廠工程中先建成辦公房及倉庫，並因陋就簡在倉庫內排列機器開工，一面鏟山平谷，趕建永久性廠房。在複建施工過程中，該廠新建廠房三次被炸，三次複修，終於不僅將廠房建起，還將舊式傳動設備全部改用電動裝置，到一九三九年七月一日開出紗錠一萬枚。

武漢工廠內遷後，湖北建設廳以湖北麻織局拆運的二百三十

一噸設備籌建麻紡廠，以三千元購置四川萬縣彌陀垸土地建造廠房，廠長是留美工學碩士田鎮瀛。該廠一九四○年三月竣工投產，分麻織、棉織兩部分，生產麻袋、帆布。一九四一年麻織廠的全部職

‧一九三九年湖北麻織廠女工

工 366 人中，受過大學或專科教育者占 4.1%，高中或初中文化程度的分別占 3% 和 5.74%，工程技術人員 6 名，占全廠職工總數的 1.64%。一九四四年一月，麻織廠職工增加到 703 人，資金 1130 萬元，各種機器 202 臺，其中麻紡機 33 臺，織麻機 24 臺。到一九四五年，該廠累計生產麻袋 35.68 萬條，棉布產量累計為 42.15 萬米。陝西是武漢內遷工廠的另一集中地區。一九三八年後，申新第四紡織廠、福新第五麵粉廠、震寰紗廠、東華印染廠等陸續遷陝西，分別在寶雞、西安等地設立分廠，其中申新四廠寶雞分廠設於鬥雞臺，距寶雞市區五公里。吸取西安大華紗廠受到日本飛機轟炸的教訓，申新廠業主李國偉等人決定仿照當地居民所住窯洞的樣式，建設窯洞車間，以防空襲。窯洞廠房在當時中國前所未聞，因此工程技術難度很大，費用超過建築地面廠房的兩倍以上。經過全廠職工的艱苦努力，全部窯洞車間於一九四一年春竣工，容積達 55.4 萬立方米，在窯洞車間內安裝清花、梳棉、粗並和細紗機達 1.2 萬錠。在此之前，福新五廠寶雞分廠複建，幾經延擱投入生產，日產牡丹牌麵粉兩千袋，受到市

場歡迎。湖北紗布局以遷到寶雞的設備與中國銀行雍興公司合作，利用該公司咸陽打包廠的部分廠房，組合成立咸陽紡織工廠。該廠先後共裝紗錠一萬枚，布機一百五十五臺，自一九四〇年八月十日開工，到一九四四年月產紗一百餘噸，產布二點六萬米。東華印染廠是戰前武漢規模最大的印染廠之一，一九三八年該廠八十噸機器設備運抵西安，在克服建廠資金不足、殘存設備難以配套、距離電廠較遠等重重困難後，該廠於一九四〇年三月復工生產。作為西安唯一的機械染整企業，在承攬大宗軍用、民用色布業務過程中，獲得長足發展，在陝西六年裡，該廠資產增加到四十五萬元左右。

由於抗戰全面爆發後東南沿海各省的人口大量向西南各省轉移，大後方工業品消費需求猛增，尤其是政府和軍隊的消費需求旺盛，為戰時工業提供了廣闊的市場，也為企業發展大大拓展了空間。一九四一至一九四五年，申新四廠和福新五廠在四川、陝西順利複產並盈利的基礎上，又相繼收購和創辦了重慶公益鐵工廠、寶雞鐵工廠，在成都開辦了申新四廠成都分廠和建成麵粉廠；在寶雞創辦宏文造紙廠和寶雞陶瓷廠；在甘肅天水創辦福新五廠天水分廠和民康天水毛紡廠等新廠。同期，裕華紗廠也在成都建立了裕華蓉廠，除了為川西南地區的軍需民用提供了大批棉布、棉紗外，同時改變了當地單純依靠手工紡紗織布的局面，為成都地區棉紡織工業的發展奠定了基礎。一九四二年，寶雞紡織廠棉紗產量已達 13575 件，相當於該廠一九三九年投產時的三倍多，占整個陝西省棉紗產量的 38%。

到一九四五年，湖北內遷紡織工廠計有紗錠十萬零一千一百

七十六枚，布機九百三十七臺，這些生產能力除對解決後方軍需民用、活躍市場經濟曾作出過重大貢獻外，還改變了中國近代紡織工業的不合理布局，對大西北、大西南地區紡織工業的發展起到播種機的作用。

　　機械工業是現代工業之母。由武漢西遷的官辦機械廠有漢陽兵工廠、湖北省航業局修船廠、江岸機車廠三家，民營機器廠有周恆順、胡尊記、泰鴻記、陶馥記、夏金祥、洪發利、永和、潤祥、毓蒙、聯華、振華、黃運興等一百零七家，其中遷往四川四十六家，湖南五十三家，遷往陝西、廣西各三家，遷往貴州五家。為滿足抗戰急需，遷到後方各地的武漢各機械廠，邊建設，邊生產。湖北省航業局修船廠遷到四川萬縣，改名為湖北省建設廳萬縣機械廠，一邊建廠房，一邊開機生產，陸續建成機械加工、鑄造、木模、鍛工、冷作、電焊等車間，製造出車床、印刷機、磨面機、抽水機等項產品，並仿製出迫擊炮彈，以及承擔修理槍械、船舶的任務。該廠各種設備增加到一百多臺，職工一度達到二百餘人。周恆順機器廠是全國聞名的大型機械廠，遷重慶後與民生輪船公司合資經營，易名為「恆順機器股份有限公司」，在內遷後的七年中不斷發展，為民生輪船公司修理了十多條輪船，製造了二十餘臺船用和陸地用蒸汽機，其中有十四臺安裝在「山」「水」等字號的新輪船上，增強了長江上游的航運能力。在修造船舶的同時，恆順廠還利用生產動力機器的優勢，設計出了新型的「武氏二行程煤氣機」和「武氏差壓引火器」，獲得了經濟部的發明獎，被授予專利權十年。在蒸汽機需求基本飽和後，恆順廠又適時承接了中國毛紡廠和各紗廠的紡織機器定

・這個由漢口搬遷到重慶的車床，用手工操作，可以生產煤炭瓦斯

貨，並陸續製造出蒸汽抽水機、離心抽水機、葉氏鼓風機、蒸汽壓縮機等三十餘部，機床五十餘臺。由於大後方工礦業的迅速發展，各種小型工廠及交通運輸部門對原動機和工作機的需求猛增，恆順機器廠抓住機遇，努力發展，生產規模不斷擴大，擁有各種機械加工設備四百餘部，工程師十人，工人二千五百餘人，具備了設計製造大型機械的能力和經驗，成為大後方民營工業中的佼佼者，一九四五年，被國民政府授予「模範工廠」稱號。[41]

隨著武漢等地工業的遷入和中西部地區工業的發展，到一九四二年大後方工廠總數達到三千七百五十八家，約是戰前這些省區二百三十七家的十六倍。工廠內遷也改變了我國嚴重的東密西疏的不合理工業布局，為落後貧窮的西部帶去了先進的生產方式和生產能力，促進了西部經濟跳躍式發展，從而有力支撐了中國的抗戰。

41 徐鵬航主編《湖北工業史》，湖北人民出版社，2008 年版，第 199-204 頁。

第八章————

淪陷期武漢工業的衰落及殖民化

經過四個多月的激戰，在付出慘重傷亡的代價下，一九三八年十月二十五日，日軍終於佔領漢口，二十六、二十七日又相繼侵佔漢陽、武昌，武漢三鎮從此淪入日軍鐵蹄之下。日本一經佔領武漢，即以軍事實力為後盾，以殖民統治為手段，在武漢淪陷區構建起殖民經濟體系，實行瘋狂而殘酷的經濟統制與掠奪。在工業方面，榨取原材料和產品，霸佔生產工具和設備，強行控制生產，壟斷商品市場，以實施「以戰養戰」的經濟掠奪政策。在日軍戰時經濟統制之下，武漢淪陷區工業遭到空前未有的摧殘，整體經濟慘遭殖民化，陷入瀕於崩潰的境地。

第一節 ▶ 日偽對武漢經濟的統制與掠奪

經濟掠奪是日本發動侵華戰爭的根本原因之一。日本是一個島國，地域狹小，資源貧乏，其國民經濟嚴重依賴國外資源和國際市場。這種經濟上的對外依賴性，驅動日本軍國主義為了謀求原料和市場，不斷對外掠奪與擴張。中國又是一個幅員遼闊、資源豐富、人口眾多的國家，擁有龐大的商品銷售市場、廉價勞動力及廉價原材料，因而成為日本軍國主義侵略和掠奪的主要對象。

全面侵華戰爭打響以來，由於中國軍民的頑強抵抗，使日本「三個月滅亡中國」的企圖徹底破產。為了維持高負荷運轉的戰爭機器，日本把國民經濟全面轉入戰爭軌道，使國民經濟軍事化，為侵華戰爭服務。隨著戰爭的擴大化，日本軍費開支猛漲，戰略資源日漸匱乏，財政開支愈加吃緊，整體經濟趨於衰退。以

武漢會戰結束為標誌，中日戰爭轉入戰略相持階段。相持階段的
到來，使日軍認識到單靠日本國力難以支撐對華長期作戰，必須
充分利用中國佔領區的經濟。因而，日軍佔領武漢後，即改變了
對華侵略方式，在實行「政治誘降為主、軍事打擊為輔」策略的
同時，開始有計劃、大規模的經濟掠奪。

　　一九三八年十月二十八日，日本陸、海、外三大臣召開會
議，決定《漢口方面政務處理綱要》，提出「關於經濟政策，目
前以獲得帝國軍隊生存必要物質為主，逐漸以恢復中國民主和促
進我貿易的振興為重點」，「經濟建設主要由中國人進行，不打
算以我國資本及資材進行新的建設，同時也不進行有妨礙收買和
合併中國現存企業等對中國方面領導上發生困難的措施」。[1] 十
一月三日，日本首相近衛發表《關於建設東亞新秩序的聲明》，
表示「新秩序的建設，應以日、滿、華三國合作，在政治、經
濟、文化各方面建立互助關係為重點」[2]。十二月二十二日，近
衛又拋出對華政策三項原則「善鄰友好」「共同防共」和「經濟
合作」。這些所謂的「新秩序」「經濟合作」等，正是日本軍國
主義推行「以華制華」政治政策及「以戰養戰」經濟政策的代名
詞。在政策引導下，日軍在武漢不僅加緊培植傀儡政權，用中國
人統治中國人；更加強戰時經濟統制，構建殖民經濟體系，對覬

1　日本防衛廳防衛研究所戰史室著《中國事變陸軍作戰史》第二卷第一
　　分冊，中華書局，1979 年版，第 215 頁。
2　日本歷史學研究會編《太平洋戰爭史》第二卷，商務印書館，1961 年
　　版，第 231 頁。

覦已久的武漢經濟展開赤裸裸的掠奪，不惜以各種手段將戰後劫餘的工業據為己有，以所掠奪的財力、物力和人力滿足侵華戰爭的需要，實現其「以戰養戰」的目的。

一、實施戰時經濟統制

武漢會戰後，隨著侵華戰爭的不斷擴大及日趨持久化，日本開始在佔領區實行經濟統制制度，妄圖把佔領區經濟變成日本戰時經濟的附庸，使華中地區成為「以戰養戰」的戰略補給基地。扶持為侵華戰爭服務的各類洋行和經濟機構，使之成為日軍實施經濟統制的有力工具，是日軍控制武漢經濟命脈的主要方式。

為了控制佔領區並迅速掠奪物資，日軍在漢口設立陸軍特務部，歸漢口口軍司令部直接指揮，處理除作戰指揮以外的一切政治、經濟事宜。抗戰爆發後，日本商人在漢口組織的商會——日本商工會議所退出武漢，武漢淪陷後又席捲重來，恢復運營。漢口日本商工會議所成員是以日本洋行為基礎組織的各同業公會。它們多受日軍特務部和日本在漢領事館的指揮和控制，協助日軍進行「經濟進攻」戰，即恢復與發展武漢及周邊的工商業，掠奪武漢地區的戰略物資及富裕的人力財力，以支援所謂的「大東亞戰爭」。

一九三八年十月，日本設立經濟侵華重要機關——興亞院，其下設「華北開發株式會社」和「華中振興株式會社」兩個「國策會社」，分別負責日本對中國華北、華中的經濟侵略。其中華中振興株式會社總部設於上海，另在漢口、南京等地設立辦事處。該社名義上是中日合辦，打著「推進華中經濟復興和開發」

的招牌，實則處於日本政府監督與操縱之下，是以租賃、收買、合辦等形式侵佔華商企業，掠奪華中經濟的壟斷公司。至一九四二年已下設並管理華中礦業、華中水電、華中電氣通訊、華中水產、華中鐵道、華中火柴等十六個子公司，採取「一業一子公司制」，控制了華中各省交通、通訊、公共事業、水電、礦產、水產、工農業等各項實業，從而壟斷了整個華中淪陷區的經濟，並將武漢納入其殖民經濟統治之中，為日軍侵華戰爭服務。如華中振興株式會社子公司華中水電株式會社總公司設在上海，在漢口設立分公司，統制華中水電，強佔漢口既濟水電公司，掌控了武漢三鎮電業，並將主要電力供應日軍軍事用電。在華中礦業株式會社與日本製鐵株式會社開發下，大冶鐵礦所產鐵礦石全被運往日本，用以製造軍火。

　　隨著日軍鐵蹄踏入武漢，抗戰之初撤離漢口的日本洋行乘勢捲土重來，搶佔土地房屋及商業設施，依靠以往的經濟關係，重整舊資，擴大經營。在日軍卵翼之下，這些日本洋行無孔不入，滲入到武漢各個重要經濟領域，甚至以「中日合辦」「委託經營」等形式強佔華商企業的經營權，通過直接掠奪來獲取大量利潤，擴充經濟實力。至一九三九年，日本在漢洋行、企業已增加到六十餘家。其中不少洋行如正金銀行、三井洋行、三菱洋行、日清公司等佔有壟斷資本，實力雄厚，既是漢口日本商工會議所的主要成員，又是華中振興會社所轄子公司的投資者。

　　當時日本華中軍部規定礦產、棉花、布匹、油料、苧麻、牛羊皮、豬鬃、桐油、生漆、羊角等一律列為軍用品，只能由日本洋行代軍部收購。日本洋行於是成為執行日軍經濟政策的得力幫

手，在物資短缺、供求矛盾突出的情況下，一方面控制著武漢地區糧、油、棉等農產品及皮、毛、麻、煙葉等土特產的收購，壟斷市場價格，傾銷日本工業品；另一方面則為日偽軍籌供軍需物資，藉以「以戰養戰」。例如作為重要工業原料的棉花，即由日本東棉、日信、三菱、瀛華、江商、伊藤忠、吉田、阿信布八大洋行統購。低價徵購是日資洋行掠奪農產品的一種重要形式。戰前武漢細絨棉花每百斤三十二元，日本洋行壓價為二十七元；頭麻每百斤二十五元，日本洋行壓價為二十二元。其餘各類物資收購價格均只有戰前的 80% 左右。

日本洋行對武漢地區工業的壟斷程度尤甚，殖民化程度更為明顯。以蛋品業為例，日軍侵佔武漢後，漢口的對外貿易完全由日方所設立的「武漢輸出業聯合會」所掌控。一九二九年九月，武漢輸出業聯合會成立蛋及蛋製品業公會，對武漢地區蛋品工業實行壟斷經營。未加入公會者，按該會規定不得從事蛋品輸出貿易。一九三九年十一月，日本華興株式會社在漢成立，「壟斷市場，凡我商人經營進口業者，均須由其代辦經營出口貨如棉花、雜糧，亦完全受其統制」[3]。

為了配合日軍對佔領區物資的掠奪，強化戰時經濟統制機構，一九四〇年七月八日，在日偽政權主持下，武漢特別市總商

3　秦孝儀主編《中華民國重要史料初編——對日抗戰時期》第六編《傀儡組織（四）》，中國國民黨中央委員會黨史委員會編印，1981 年版，第 1082 頁。

會（9 月改為漢口市商會）正式成立，並設武漢商業統制處，辦理武漢工業、手工業產品和商店、行棧商品登記。作為日軍的傀儡機構，武漢特別市總商會以「本東亞提攜之真精神，為經濟合作之實踐」「復興農村，發展工業，求生產之增強，以鞏固商業上之基本力量」等為使命 [4]，參與了日偽主導的各種社會經濟活動，如配合日偽實施經濟統制，為其籌措戰略物資及認購庫券，主持武漢市區的戶口米配給等。一九四一年春，在日偽策動下，漢口市商會動員各同業公會組織武漢合作社。武漢合作社是一個既從事農產品收購又開展工業品貿易的組織，聽命於駐武漢的日軍特務部，貫徹日軍「以戰養戰」政策。無論是土產原料、生活物資還是工業產品，凡是歸入武漢合作社經營範圍之列，非經其許可，不能自由運銷。太平洋戰爭以前，日軍對武漢地區的經濟與物資統制呈逐步深化趨勢。

太平洋戰爭爆發後，由於戰線的延長、物資的消耗、兵員的減少，以及戰局日趨不利，日本又將目光轉向飽受其踐踏的中國淪陷區，提出「大東亞共榮圈內的自給自足」，實行所謂的「對華新政策」，即在中國佔領區強化「以華制華」方針，在經濟上著力於獲得更多地區的戰略物資，通過戰時經濟統制政策，掠奪戰略資源為日軍侵華戰爭服務。在推行對華新政策後，日本開始借用汪偽政府的力量，來進一步強化對物資的統制。一九四二年一月，日偽當局選派員警組織經濟調查班，從事調查商民囤積居

4　《漢商會今成立》，《武漢報》1940 年 7 月 8 日。

· 一九四二年武漢合作社證券

奇、平抑物價等工作。在日軍加強經濟統制的鼓動下，二月偽漢口市商會組設經濟調查處，辦理經濟統制有關事項，開展調查、配給、物資登記，並籌備成立各項配給組合。十二月經濟調查處擴大為武漢經濟統制事務處，以統制、配給、調查為三大重要工作，按行業組織配給組合各項物資，有計劃予以分配。同時，「舉行調查全市現存物資及物資登記，並受理物資移動中請，以憑填發許可證，分別處埋被查封之物資，統計各種物資登記及配給數量，嚴厲奉行統制物資及公定價格，實施初步監察工作，發行臨時通行證，以利配給物資」[5]。

為配合日軍的殖民經濟活動，漢口市商會對一般商人團體採取改組、改選等方法，加強行業組織管理，積極發動各社會行業組織「同業公會」，以此貫徹日偽的經濟統制政策。據一九四二年偽漢口特別市政府的商業登記，漢口「現有同業公會八十九個，籌備會一十九個，登記商號七千四百三十一戶，其間較可注

5　漢口特別市政府秘書處編《漢口特別市政府四周年市政概況 · 經濟統制》，1943 年版，第 85 頁。

意者，即各商號之資本與規模，業已漸趨雄厚宏大」。[6] 通過各種同業公會，加上配給組合制度和物資統制管理，漢口市商會將武漢工商業者經營活動納入為日軍服務的殖民經濟體系之中。

一九四三年一月九日，汪偽國民政府宣佈對英美處於戰爭狀態後，頒佈《戰時經濟政策綱領》，其中最重要的措施是經濟統制。汪偽政府對外宣稱：「此次確立戰時經濟體制的最大目標，第一，在增加生產；第二，向前線供給軍需物資。」[7] 為了給日本主子搜刮各種戰略物資，汪偽政府將自己綁在日本軍國主義的戰車上，把經濟納入戰爭軌道，實行戰時經濟體制，在物資統制上採取物資移動許可制、壓價收購、配給制等手段。而為了拉攏汪偽政府，日軍順勢調整了統制政策，將一向緊抓不放的物資統制權移交汪偽政權，由其在前臺實施，自己則在幕後操縱，變直接掠奪物資為由汪偽組織出面的間接掠奪。

為了保證統制政策的實施，汪偽政府建立了各種機構來操縱物資的統制。一九四三年一月二十六日，漢口經濟調查班擴充為經濟員警處。該處名義上隸屬漢口市警察局，實則歸日本憲兵隊管轄，作為查封與沒收商民有關經濟統制物資的機構。二月，武昌市政處頒行《物資配給統一辦法》。三月，漢口特別市批發市場產銷經理公社（中日官商合資有限公司）成立，統制漢口商品

6　漢口特別市政府秘書處編《漢口特別市政府四周年市政概況·社會》，1943年版，第 28 頁。

7　《戰時經濟與中日合作》，《申報》1943 年 4 月 9 日。

市場和進出口貿易。三月三十一日，武漢合作社解散，並於四月一日改設湖北全省合作社聯合社，依然以統制經濟為最重要目標。四月，偽漢口特別市政府又訓令武漢經濟統制事務處加大統制糧食等重要物資。

一九四三年三月十五日，汪偽政權在上海成立全國商業統制總會（簡稱商統會），作為華中物資統制的最高決策機關，對淪陷區全面推行戰時經濟體制，實施統一的物資統制。八月一日，武漢市經濟統制事務處改組為全國商業統制總會武漢分會，成為武漢戰時經濟統制新機構，實行商品配給制度，規定武漢的進出口貨物均由日商經營，中國商人只能從事零售業，並由日本人指定商店，任務是代日本人推銷商品。同日，《長江上游地域物資收買及移動統制暫行規程》頒行，對鄂、豫、皖三省及漢口市內之物資收買與移動強加限制，規定凡購買棉花、皮革、桐油、生漆、鐵、木材等物資者，「須受全國商業統制總會武漢分會之許可」「向敵性地域移動物資，除特定情形外，嚴行禁止之」[8]。一九四三年九月，偽漢口特別市政府開始全面實施按戶配給計畫，以加大對物資資源的掠取。一九四四年五月一日，湖北省物資物價調查取締委員會成立，名為「取締省內各市縣商民囤積主要物資，安定戰時民生」[9]，實則耍的依然是物資統制的伎倆，

8　《長江上游地域定今正式施行物資統制》，《大楚報》1943 年 8 月 1 日。

9　《省物資調查委會最近期正式成立》，《武漢報》1944 年 4 月 18 日。

它的前身即是漢口經濟員警處。不久，武漢物資審議委員會和武漢物資調查委員會又相繼成立。

作為日本扶植的傀儡政府，汪偽政府的戰時經濟體制是在日本授意下，憑藉日本政治、經濟及軍事力量的支持而實施的，是適應日本進行大東亞戰爭的需要而產生的，因而註定了其只能附屬於日本壟斷經濟，具有殖民地經濟的性質。就日偽在漢所建立的這些經濟機構而言，它們側重點不一，但根本目標是一致的，即強化戰時經濟的統制，對物資實行高度集中管理，以保障日軍「以戰養戰」的資源需求。由此，在日本主導、汪偽政府配合下，日偽聯合建立起一個較為完整、互相補充的經濟統制體系，並迫使武漢殖民經濟納入為日軍侵華戰爭服務的經濟圈之中。

日偽政府實施的經濟統制政策，導致武漢淪陷區出現嚴重的經濟後果，武漢經濟結構趨於畸形化與軍事化，武漢地區經濟呈現不斷衰退之勢，對外貿易銳減，農業生產停滯，商業一蹶不振。一般商店難以維持，一九四一年「年關以後，歇業者十之二三；今年（1942 年）端午以後，倒閉停業者殆過半數。其餘未停業者，則因貨物既不能行銷市外，又不能在漢市蔓脫售，只有零售，以供坐吃貨盡、錢完人散而已」[10]。經濟統制、生產萎縮、軍票高漲、法幣貶值，以及日偽將統制物資集中供應軍用，使武漢生活物資匱乏，通貨膨脹嚴重，物價扶搖直上，給民眾生

10　塗文學主編《淪陷時期武漢的經濟與市政》，武漢出版社，2005 年版，第 8 頁。

活帶來深重災難。一九三八年秋漢口市場每擔米價十點五元，一九四〇年底升至八十餘元，一九四一年底更高漲到二百四十元。老百姓只能吃配給的「戶口米」。這種戶口米量少價高，市民每人只得戶口米二斗五升，而且時有時無，根本無法保證最基本的生活需求。為了壓低米價，便於收購掠奪，日偽當局頒佈了一系列限制和控制糧食貿易法令。一九四〇年頒佈《處罰縱操物價法》，限定米糧價格。一九四一年六月，偽漢口特別市政府頒行《調查漢口特別市內現有米糧辦法》，明令禁止商民多購糧食，並調查市民存糧，實行糧食統制。武漢貧民鑑於米價狂漲不止，為飽口腹，只能多半改以雜糧充饑。

再以生活必需品食鹽為例，武漢淪陷期間，由於食鹽緊俏，口偽政府「采用計口授鹽制，由糧食管理局、警察局及鹽政管埋局、銷鹽公會聯合辦理」[11]，按戶配給食鹽。鹽政管理局負責全市食鹽的供給量，交給糧食管理局後由其轉給銷鹽公會，銷鹽公會再分配至各配給鹽號，由每戶市民憑購鹽照速向其購領。但「各配給處不免有少數摻雜短秤或逾期情事」[12]，甚至有的將食鹽走私轉售，牟取暴利，使市民難以買到食鹽。而不斷飛漲的食鹽價格更讓民眾苦不堪言。

日偽推行物資統制的根本目的，在於攫取武漢地區豐富的物

11 漢口特別市政府秘書處編《漢口特別市政府四周年市政概況・糧食管理》，1943 年版，第 79 頁。
12 《食鹽配給須遵限期》，《武漢報》1942 年 9 月 12 日。

資資源，保障日軍對戰爭物資的「和平掠奪」。據統計，武漢淪陷 7 年期間，日軍通過日本洋行掠奪武漢的棉花約 469 萬擔、羊皮 700 萬張、芝麻 56 萬擔、生漆 8.4 萬擔、桐油 231 萬擔、茶葉 21 萬擔、豬鬃 3.5 萬擔。[13] 物資統制還造成武漢地區原材料、燃料、動力嚴重缺乏，其中工業主要原材料價格上漲，一九四二年鋼鐵的價格為 1200 元／噸，1943 年則上漲到 1900 元／噸，一九四四年更狂漲到 6800 元／噸。工業原材料價格居高不下，造成工廠生產成本增加，大多數工廠被迫停工，工業生產全面萎縮，工業產量大幅下降，失業工人很多，特別是數量居多的紗廠工人幾乎全部失業，從而嚴重削弱了武漢地區的工業基礎。

由於物資供應短缺，工商業衰敗，導致武漢經濟投機之風盛行。工商業者無生意可做，紛紛將資金轉入投機市場，許多工廠不事生產，而是囤積自製的產品，待價而沽；有的甚至投入全部資金，發行股票債券，希望借投機手段牟取暴利。投機業的興盛，反映出武漢淪陷區經濟秩序陷入混亂無序狀態。

二、掠奪工業物資與勞動力

武漢會戰後，為適應侵華政策的戰略轉變，日軍開始在佔領區實施經濟統制。而對資源的控制與掠奪，是日軍對佔領區實行經濟統制，支撐其龐大的戰爭機器運轉的重要手段。因而，日軍

13　湖北省地方志編纂委員會編《湖北省志・經濟綜述》，湖北人民出版社，1992 年版，第 86 頁。

・一九三九年一月十四日，《新華日報》刊發
的「敵在漢大肆劫掠一月達一百二十萬」
的報導

每侵佔一個地區，首先是掠奪一切能夠掠奪的物資，榨取資源，搜刮民脂民膏。其次是對佔領區劫餘物資禁止流動，強制進行物資登記，強制「收集」「徵購」「採買」軍需物資。

武漢九省通衢，素為貨物集散之地。日軍一經佔領武漢，便極盡搜刮之能事。當時武漢各個倉庫堆滿了來不及轉移的貨物，均為各地集中於武漢準備轉運出口的庫存物資，如桐油、皮油、生漆、雜糧、棉花、棉籽、藥材、蓖麻、皮革、牛骨、豬鬃等，都是日本國內極需之物。無論是中國官方的、中國商人的，或是外國洋行的，日軍一經發現一律查封。善後事宜則由日軍陸軍特務部來處理，屬於中國人的物資一律沒收。屬於外商的物資則由貨主提供有力證據，經特務部認可後按最低限價發給一些軍用票，以作補償。

初步統計，淪陷之初，僅日軍搶走的大宗物資即有：棉花120多萬擔，桐油700噸，牛皮2000餘捆（每捆300餘斤），豬鬃2000多箱（每箱133磅，每磅價值5美元以上），生漆500多噸（每噸值500美元以上），木耳2000多擔及大量江西瓷器、

湘西杉木、豫南粉絲、鄂東煙葉、鄂南黃麻、毛竹、中藥材等。[14] 至一九三九年初，日軍在武漢搜刮的物資錢財數目驚人，「其中商民貨物約值二千五百萬元，民眾財物約五百萬元，及現金約五百萬元，合計約達三千五百萬元」。[15] 為了存放在漢掠奪的錢款，日軍特設「漢口野戰郵便局」，「自去歲（即 1938 年）十月二十五日到漢後，截至十一月二十五日為止，一月之間，所有存款折合日幣達六十萬元。而匯歸日本之款，亦有六十萬元之多。但軍官存匯之數，尚不在內，可見寇兵搶掠之一斑」。[16]

　　日本國內金屬礦藏十分貧乏，所有金屬近乎全部依賴進口。出於保障戰時需要，日軍將可用於製造軍需品的礦產資源與金屬物資列為首要掠奪目標。一九三八年十月，日軍佔領大冶，即接管垂涎已久的大冶鐵礦。十一月日本軍部決定，將大冶鐵礦委託日本製鐵株式會社經營，成立日鐵大冶礦業所（簡稱「日鐵」），強佔漢冶萍公司所經營的大冶鐵礦、大冶鐵廠及湖北建設廳所屬象鼻山鐵礦。大冶鐵礦在淪陷前，積存有優質鐵礦砂六萬多噸，一九三九年被「日鐵」搶運回國。「為應付日本國內戰時鐵礦石之需要激增」[17]，一九三九年「日鐵」投資七千多萬日資源運回國內。圖為日軍在大冶鐵礦元，添置和補充了發電機、高壓輸電

14　皮明庥主編《近代武漢城市史》，中國社會科學出版社，1993 年版，第 509 頁。

15　《漢敵搶劫》，《新華日報》1939 年 3 月 9 日。

16　《敵在漢大肆劫掠一月達一百二十萬》，《新華日報》1939 年 1 月 14 日。

17　《漢冶萍公司大冶鐵礦》，《武漢報》1944 年 5 月 9 日。

·淪陷期間，日軍將瘋狂掠奪的大冶鐵礦

線路、鑽探機、捲揚機等先進設備，並徵募華工，恢復開採大冶鐵礦。僅一九四〇年，「日鐵株式會社大冶礦業所委託徵求工人四千名，及領工司賬各四十名，從事採礦鐵路碼頭雜工等工作」[18]，最多時工人達 14900 多人，在礦區日夜掠奪性開採，使礦山開採能力和鐵路運輸能力達到每日 5000 噸。1940-1945 年，「日鐵」共計開采鐵礦石 501.6 萬噸，其中運往日本 427.76 萬噸，將中國寶貴的礦產資源蠶食侵吞。

為了全面控制戰略物資，日軍在武漢地區掠奪、強征金屬製品，低價收購白金、金飾、銀元、銀器、銅器、銅幣、錢幣、水銀及銅、鐵、鉛、鎢、鋁、錫等；抬高鹽、糖、火柴、煙土等售價，以之交換金屬，進行所謂「物資交換」；甚至挨戶搜查，搜刮居民家中金屬器具。日軍還指定專門機構在佔領區劃定區域內，公開以低價強迫收購金屬物資。一九三九年五月，日軍將漢陽兵工廠鐵廠廢鋼鐵 5 萬餘噸裝運回國。一九四〇年「敵駐漢憲兵隊長美座在漢設日本製鐵會社，專事收集廢鐵達五十萬噸，已

---

18 漢口特別市政府秘書處編《漢口特別市政府二周年市政概況·社會》，1941 年版，第 7 頁。

陸續運返敵國」[19]。為了
掠奪重要金屬，至一九四
〇年三月，日方已在武漢
成立資本兩百萬元的日本
煉銻株式會社、資本七十
萬元的日本制錫株式會
社。一九四〇年和一九四
一年，偽漢陽縣合作社為

· 日軍佔領大冶鋼鐵廠後，將煉鐵爐等設備
拆除運走。圖為淪陷時期的大冶鋼鐵廠

日軍收購銅、鐵、銅幣等物資達八千多擔，還收進大批銀元。[20]
一九四一年七月，華人奸商潘運楨等勾結漢口三井物產廢鐵蒐集
所，在湖北沙市開辦漢口貿易公司，專代日軍收購廢鐵、鉛、錫
等金屬，定期運往漢口。

　　由於日軍嚴密控制金屬原材料，管制市場流通活動，金屬製
品業遭到嚴重打擊，不少從業者背井離鄉。抗戰前武漢有銅器業
四百多戶，白鐵業五百戶。至一九四〇年，銅器業只有一百戶，
白鐵業二百六十戶。太平洋戰爭爆發後，日本對戰略物資需求量
大增，特別是製造軍火的金屬材料，於是又把魔爪伸向佔領區。
一九四一年十二月中旬，駐漢日軍突然宣佈武漢夜間戒嚴，禁止

19　秦孝儀主編《中華民國重要史料初編——對日抗戰時期》第六編《傀
　　儡組織（四）》，中國國民黨中央委員會黨史委員會編印，1981年版，
　　第1194頁。
20　張孟青：《日軍在淪陷區掠奪金屬物資紀實》，《湖北文史資料》第16
　　輯，1986年版，第171頁。

行人和車輛通行，調派大批滿載日軍的軍用卡車駛入市區。僅僅一夜之間，日軍就將漢口、武昌市區下水道上的鐵蓋板拆卸一空，運回日本，其行徑尤如強盜一般。日軍另在湖北各駐地附近搜集碎銅破鐵，向武漢轉運。

為了獲得足夠的金屬支援侵華戰爭，華中日軍改變手段，在湖北武漢及湘、贛等省市通過偽政府發動宣傳攻勢，以表面上開展捐獻廢舊金屬來替代實際上的強征掠奪。在日軍壓力下，搜集銅鐵等金屬成為武漢地方當局市政工作的重點。一九四二年四月三日，偽漢口特別市政府組織各機關及各民眾團體舉行「獻納金屬」活動，「共徵集獻納鋼鐵錫鉛等金屬物品二千餘斤又一百三十餘件，及銅幣七千餘枚」。同月，又逼令漢口各學校舉行所謂第二次獻納金屬物品活動，由各中小學、簡易學校等 71 單位獻納銅錫鉛等金屬三千餘件，又二百餘斤，及銅幣、鎳幣等六千三百多枚。[21]

一九四二年十二月二十一日，日本政府通過了《為完成大東亞戰爭而決定的處理中國問題的根本方針》。這份「對華新政策」的總綱領規定「當前的對華經濟措施，以增加獲取戰爭必需的物資為主要目標；設法重點開發和取得佔領地區內的重要物資，並積極取得重要的敵方物資」[22]。從一九四三年起，除日偽機關佔

21　徐旭陽：《湖北國統區和淪陷區社會研究》，社會科學文獻出版社，2007 年版，第 466 頁。

22　復旦大學歷史系編譯《日本帝國主義對外侵略史料選編（1931-1945）》，上海人民出版社，1983 年版，第 421 頁。

用的少數房屋外，不改掠奪本性的日軍將武漢其他大中型建築物上的金屬構件，如鐵門、鐵梯、銅鐵欄杆等拆得所剩無幾，有時甚至將樓房炸毀以獲取鋼鐵材料。一九四四年四月，偽漢口市政府為求「貢獻總力，協力戰爭」，組織成立市增產委員會，發動獻納金屬五百噸運動，規定「每戶供出數量為一斤半以上」，「蒐集之物資概以食鹽實施交換」[23]。會社、工廠、公共團體等更要交納數額巨大的銅、鐵、鋁、鉛等及其合金、金屬製品。5 月偽武昌市政處「為加強徵收起見，決定全市區人民每人每月獻納五錢，俾襄盛舉，預定數量為廿四噸，現正加緊催征……以求軍事決勝之完遂」[24]。以「貢獻戰爭」「協力戰爭」為招牌，日偽在武漢地區巧取豪奪，可謂瘋狂之極。

出於維持日常的軍事和經濟活動需要，勞動力資源也成為日軍經常無償掠奪的目標。一九三九年初，日軍役使七百多民夫修建武昌南湖機場，每人每日僅給日鈔零點四元，饅頭二個，饑寒交迫，苦累不堪。一九三九年十月長沙會戰時，日軍在武昌徵用民工四百多人，強迫少壯者日夜不停為日軍搬運軍需物資，驅使老弱者成群結隊到前線踩探地雷。一九四一年日軍大興土木，修築徐家棚飛機場，又在武昌徵夫二萬餘人，充當苦力。一九四二年，日軍在漢陽縣安樂鄉慈惠敦開建機場，每日在當地強拉勞力

23 《市增產委員會推進增產 籌獻納金屬五百噸》，《武漢報》1944 年 4月 22 日。
24 《市府將組織鐵類收集委會》，《大楚報》1944 年 5 月 28 日。

二千餘人。至於在武漢修補道路、拆除民房及為日軍運送軍用物資，日偽各兵站無不強拉壯丁，年老體弱者亦難倖免。一九四四年四月，日偽在漢口街頭強抓人力車工人數千人，全市一片恐慌，關門閉市，車工家屬痛不欲生，四處尋覓親人。日軍用火車將被抓車工趕運湖南，強迫做開山築路等苦役，並對車夫實行分班編隊，集體連坐，一人逃跑全班受罰的統治辦法。

為了統制勞工，榨取勞動力資源為其所用，一九三九年七月，偽武漢特別市政府公佈《勞動編制法》，規定：不管在武漢哪個行業做工，都要找擔保，寫申請書，警察局核驗合格發登記證後，方可就業。廣大工人由此被置於日偽軍警的嚴密控制之下。日偽政權除制定諸多統制勞工的法規外，還策劃建立工會，專門對工人進行管理。一九三九年八月，偽武漢特別市勞工協會成立。一九四〇年六月，勞工協會組織苦力供給處，長期預備一些苦力，供日軍隨時徵用。偽武漢特別市政府專門發出指示：「工人複雜，應於雇用之前，詳為考查，以昭慎重。」**25** 勞工協會為配合日偽「統制勞工」政策，通告規定限期進行勞工登記，交登記費，取得勞工證後，方准就業，方准雇主雇用；未登記而在本市做工者，勞工和雇主都要處罰。中日合辦的中華興業公司便利用武漢廉價勞動力，雇傭女工製造草包草繩以供軍用。日偽對武漢勞力的掠奪與統制，無所不用其極，最終目的是為了最大限度榨取豐富的勞動力資源，供應其侵華戰爭的需要，執行「以

25 《友軍雇用苦力由碼頭工會供給》，《武漢報》1940 年 7 月 27 日。

戰養戰」的經濟政策。

　　但在日軍的刺刀之下，武漢工人沒有屈服，而是利用力所能及的一切方法，與日偽展開鬥爭。雖然勞工協會三令五申，威脅利誘，但仍未迫使全市工人進行勞工登記。至一九四〇年四月，登記者不過一萬九千多人，而武漢工人總數在二十萬人以上。一九四一年十一月，日軍進駐武昌第一紗廠，四處懸榜招募工人，原一紗失業工人應召者卻寥寥無幾。即使因生活所迫進廠的工人，也採取怠工等方式不為日軍生產，使第一紗廠的紗布產量極低。

三、壟斷武漢金融市場

　　控制和壟斷金融市場，是日軍對武漢實施經濟統制的主要方式。近代武漢的銀行是商埠經濟的產物，也是城市經濟繁榮與否的晴雨錶。武漢淪陷前，武漢銀行業中除中國農民銀行內遷外，其他各行均遷入法租界，改分支行為辦事處。日軍侵入武漢後，從金融和財政收入方面入手，進一步對武漢佔領區進行持久性經濟掠奪。在日軍的金融控制之下，位於法租界的各家銀行業務清淡，「其中僅有六家稍微承做匯兌及清收零星存款，至押放款，只有兩家略為承做，數目不巨也」。[26] 華商銀行因撤離而留下的房屋、物資則被日軍佔用。

26　《武漢金融志》辦公室等編《武漢銀行史料》，中國人民銀行武漢市分行金融研究所編印，1987 年版，第 255-256 頁。

　　日偽為了控制以武漢為中心的華中地區金融市場，專門成立官方金融機構，組織起自己的金融壟斷系統。早在抗戰爆發前，日本即在漢設有橫濱正金銀行、臺灣銀行和漢口銀行。日本洋行之所以能佔據武漢市場重要一席，正是「日商之金融機關亦有正金銀行、臺灣數銀行為輔助經濟侵略之利器」[27]。武漢淪陷後，在日軍的蔭庇下，這三家日資銀行（抗戰爆發後停業）在漢復業，「除奉命為日本銀行之代理店、代理日方官方公家資金之出納主要事務外，並兼營『和平』區域物資輸出之金融業務」[28]，壟斷武漢金融業務，肩負武漢經濟統制的「使命」。橫濱正金銀行甚至掌握著日本軍用票與法幣兌換比率的大權。

　　一九四〇年五月，由漢口日軍陸務部扶植的中江實業銀行在漢口成立，資本金為軍票二千萬元，分二十萬股，每股一百元，偽湖北省、市政府各出資五萬股，占一半股份。石星川擔任總裁、董事長，日軍特務部五十嵐保司擔任總顧問，握有實權。該行以「統制金融，調整通貨之流通暨促進產業發展為宗旨」，在武昌、九江、沙市、南昌、岳陽等地設立分行或辦事處，主要職能是維持軍票價值，開展存款、放款、兌換與匯兌業務，代管偽省市縣政府金庫業務，並擴充經營貨棧、保險代理業，代理日偽政權來統治鄂、湘、贛金融業。該行是日方在華中地區成立的第

27　黃既明：《漢口之洋行》，《銀行雜誌》第 3 卷第 20 號，1926 年 8 月版。

28　《武漢金融志》辦公室等編《武漢銀行史料》，第 264 頁。

一個偽銀行，凸顯出日偽對華中金融殖民化的企圖，充當了日偽在華中經濟侵略的先鋒。至一九四三年三月，中江實業銀行資本增至三千多萬，用

·日軍侵入武漢後，即強行規定一切經濟活動以軍用票為基準。圖為日軍發行的軍用票

於支持日本洋行在華大量收購農副產品及軍需物資，為日本的侵略戰爭服務。

　　操縱貨幣市場，則是日方控制武漢金融經濟的又一手段。一九三八年七月，日本在五相會議上議定「設法造成法幣的崩潰，取得中國的在國外資金，由此在財政上使中國現中央政府自行消滅」[29]，打響金融戰。日軍侵佔武漢之初，即由橫濱正金銀行代理發行軍用票，規定一切經濟活動結算均以軍用票為基準，拒絕用法幣作為商品支付手段。武漢市民如要購買生活用品，需先以法幣向日本橫濱正金銀行、臺灣銀行兌換軍用票，方准購物。為了破壞法幣信用及套購國統區物資，日方施以種種伎倆，限制法幣流通，蓄意偽造法幣，人為抬高軍用票對法幣的比值，擾亂金融市場。一九三九年五月，「華中各地敵軍，對武漢及滬杭京津

29　復旦大學歷史系編譯《日本帝國主義對外侵略史料選編（1931-1945）》，上海人民出版社，1983年版，第272頁。

各地之中外旅客，嚴加搜查，如搜出法幣，不論多少，悉被取去，給回軍用票。此種軍用票，漢口方面，使用折合法幣百分之七五。」[30] 一九三九年十一月至一九四〇年一月，日資臺灣銀行在武漢收買法幣達五十萬元，其中三十萬元運往上海，以之套取上海外匯（因上海各外國銀行對軍用票均拒絕接受）。一九四〇年二月，日方運至漢口食鹽三萬擔，鹽商購買必須用軍用票，日方又故意操縱不發，以致軍用票價格突漲，每元折合法幣一元四角八分。一九四一年六月，偽湖北省政府以「法幣之流通，擾亂我方經濟建設之工作」為名，發佈通告禁止法幣流通。如有違犯者，除沒收法幣外，並按軍法處罰。在日偽種種手段操縱下，法幣無形貶值，失去市場，軍用票則充斥市面，不斷升值，成為日偽掠奪與榨取淪陷區資源的得力工具。

一九四一年一月，日本扶持汪偽政府設立偽中央儲備銀行，發行中央儲備銀行券（簡稱中儲券），但軍票仍繼續流通。一九四二年八月，偽中央儲備銀行漢口支行成立，規定舊法幣與中儲券按 1：2 比例兌換，限期收兌。八月十日起至三十一日，分別在漢口、武昌、漢陽兌換舊法幣，武漢居民、工商業者及各銀行所持有的法幣被強迫兌換成中儲券。中儲券的發行是日偽對佔領區金融殖民化的標誌，扮演著經濟掠奪的不光彩角色。至一九

---

30 秦孝儀主編《中華民國重要史料初編——對日抗戰時期》第六編《傀儡組織（四）》，臺北中國國民黨中央委員會黨史委員會編印，1981年版，第 1010 頁。

四三年二月，偽財
政部全面禁止法幣
流通，漢口中央儲
備銀行在武漢地區
收兌法幣兩千多
萬，日軍軍部提走
一千多萬，運至農

・偽中央儲備銀行發行的中儲券

村收購農產品，另一千多萬運去南京總行，成為日偽的貨幣儲備。日本確立「對華新政策」之後，以用中儲券撥充軍費為先決條件，最終定於一九四三年四月停止軍票發行，開始用中儲券取代軍票，中儲券成為淪陷區唯一的法定貨幣。為了掠奪淪陷區的物資和資源，支持日本的侵略戰爭，日偽實行惡性通貨膨脹政策，毫無節制發行中儲券。據統計，僅一九四一年一月至一九四五年八月，在武漢發行的中儲券就達一千四百八十一億元，票面額由最初的十元增至十萬元。中儲券的發行無度造成淪陷區陷於嚴重的通貨膨脹之中，武漢地區物價飛速上漲，百姓深受其苦。而日偽經濟機構卻乘機積累大批資金，增強了經濟壟斷及「以戰養戰」的實力。

　　日偽對貨幣體制嚴密控制的同時，更加快武漢金融市場殖民化步伐。至一九四一年七月，在法租界繼續經營的二十家中國銀行業務範圍有限，只辦理舊存戶的收付，不辦新戶存放。在華商銀行處境艱難的同時，漢口歐美銀行也陷入困境。由於淪陷後日軍控制了武漢進出口貿易，歐美洋行無法開展業務，被迫停業或撤離武漢，各外資銀行外匯業務大量萎縮。據一九三九年漢口浙

江實業銀行營業報告書記載：「外商銀行因進出口匯票告絕，客商往來停頓，亦無營業可言。」[31] 英商滙豐銀行因業務一落千丈，為了節省開支，先後解雇了部分華人職務。漢口美商花旗銀行則於一九四〇年底宣告停業，將全部業務轉移至上海花旗銀行，撤離漢口。

太平洋戰爭爆發後，英、美等國成為日本的敵對國，英、美等國銀行被日本定為「敵性銀行」而予以凍結、查封。漢口橫濱正金銀行奉命接收滙豐、比利時華比等西方銀行。一九四一年十二月十五日，漢口麥加利銀行即由日軍金融班接管，「庫存法幣二十四萬餘元，並有客存的大小鐵、木箱數十件⋯⋯日寇除將股票、債券及不能兌現的東西仍放原處外，所有庫存現金及客存金銀寶物等，均被劫取一空」[32]。之後正金銀行宣佈麥加利銀行原儲戶可持存單、證件、印鑑前來取款，但又謊稱該行已卷款潛逃，故只能按存款數百分之二十至四十發還。一九四二年日軍又派日人三木兄弟二人接收義品銀行，更名為「華中不動產管理處」，將法、比國籍人員送往集中營。至此，漢口的西方銀行全軍覆滅。

太平洋戰爭打響後，漢口的華商銀行也是在劫難逃。一九四一年十二月十一日，日軍憲兵查封中國官方銀行中央、中國、交

31　塗文學主編《淪陷時期武漢的經濟與市政》，武漢出版社，2005 年版，第 3 頁。

32　《武漢金融志》辦公室等編《武漢銀行史料》，1987 年版，第 262 頁。

通三行辦事處，強行劫走帳冊印鑑及二十八萬多元庫存現金。一
九四三年一月，在日偽政權扶持下，偽中國、交通兩行漢口分行
復業，「協助中央儲備銀行，鞏固和平區域之金融」。之後，日
偽推舉中儲、中江、中國、交通、商業、興業等銀行為常務籌備
委員，出面組織偽「漢口銀行公會」。漢口本土銀行業因基本無
力保持獨立性，若要繼續在漢經營，則必須與日偽金融體系合
作。在這樣背景下，鹽業、漢口商業、上海、中南、大陸、廣
東、農工、通商等漢口十九家銀行加入公會，成為會員。日偽政
權終於構建起的殖民化金融體系，成為日偽經濟統制體系中不可
或缺的一環。

　　綜上所述，日軍對武漢經濟統制與掠奪的目的是「以戰養
戰」，在具體實施中呈現出經濟掠奪手段的多樣化。統制物資，
掠奪資源，壟斷商品，擾亂金融，榨取勞力……手段無所不用其
極，反映出日軍為掠奪武漢佔領區經濟可謂費盡心機。凡此種
種，為日本堅持戰爭增添了經濟力，也使武漢經濟遭受毀滅性的
打擊，給武漢人民帶來了深重的災難。

第二節 ▶ 民族工業的殖民化厄運

　　武漢是中國近代工業發祥地之一，至抗戰前已發展成為規模
龐大、門類齊全的近代工業體系，是當時中國內陸最大的工業基
地和經濟中心，鋼鐵、紡織、機器製造等行業在全國佔據重要一
席。尤其是民族工業極為繁榮，在武漢紡織、水電、煙草、麵粉
加工等行業中居於主導地位。抗戰初期，在國民政府的號召和支

持下，大多數官辦工業與民辦工業遠徙內地，保留下武漢地區工業的骨幹和精華，但仍有一些民辦工廠及設備未及搬遷。據統計，日軍佔領武漢時，武漢工業遷移的占百分之五十七，被敵機轟炸損失百分之十二，還有部分工廠來不及拆遷而被國民黨主動破壞，剩下的不足百分之三十。[33]

　　日本對華經濟政策一向以掠奪中國民族企業、壟斷中國廣大市場為目標。武漢淪陷後，日軍對戰後劫餘的民辦企業以「軍管理」「委託經營」「中日合辦」等形式侵佔，改頭換面成自己獨資或合資企業，大行掠奪之實。在日方嚴密經濟統制及瘋狂劫掠資源的雙刃劍之下，發軔於十九世紀末的武漢民族工業遭到毀滅性打擊，完全喪失了自我發展的能力，就此步入殖民化的無底深淵。

一、日軍對民營工廠的掠奪

　　「七七」事變以後，日軍侵佔了中國華北、華中大片領土，這些地區集中了中國工業的精華，並擁有豐富的原料和燃料資源。對於這些戰利品，日本政界、軍方和企業財團各懷用心，目的不一。一九三八年底，為了調和在掠奪佔領區資源方面的分歧，日本內閣、軍部和財閥之間就對華經濟侵略的範圍達成協議，把華中佔領區的經濟事業劃分為「統制事業」與「自由事

33　皮明庥、歐陽植梁主編《武漢史稿》，中國文史出版社，1992 年版，
　　第 597 頁。

業」兩種。「統制事業」
包括日本本土所缺乏的國
防資源、與軍事活動直接
相關的採礦業、鋼鐵工
業、交通通訊事業、公用
事業及與日本經濟有「發
生摩擦之虞」的蠶絲水產
等業，由日本國家資本與

・一九三八年十月二十七日，日本兵在龜山
上警戒，山下是一片殘垣的漢陽鐵廠

財閥相結合的華中振興會社獨佔經營。如華中振興會社下屬子公
司華中水電株式會社壟斷武漢電力。

　　華中佔領區內未劃入「統制事業」的其他工業和商業，如紡
織、麵粉、火柴、煙草、啤酒、造紙等業及一般貿易商業，則不
屬於政府開發的物件，允許日本工商業主經營，稱為「自由事
業」。針對華中各地經濟水準、資源狀況不一，日方採用不同的
經濟形式，制定和實施有側重點的掠奪。武漢是華中地區經濟中
心，近代工業體系完備。武漢淪陷後，日方不僅要壟斷武漢廣大
的市場，還要經營各種工業產業，以就地取材，榨取原材料和勞
動力價值。而經營各種工業的首要舉措，就是對尚未拆遷、設備
齊全的華資工廠，通過各種經濟手段予以掠取和操縱。

　　「軍管理」：根據日本「興亞院」的解釋，所謂「軍管理」
是依「國際公約」或「戰時法規」沒收「敵人官產」的行為，但

・一九三九年華商五豐麵粉廠與日商三井洋行合資經營，改稱漢口製粉株式會社。圖右為漢口江漢路上的三井洋行

因防止「不逞之徒」加以破壞，私人產業亦多暫為保管。[34]「軍管理」可分二種，一為日軍自行經營的軍管理事業，一為委託經營事業。由於軍隊多不善經營，工廠大都委託日本會社代為經營，故以後者居多。委託經營事業雖有工廠的經營權，但工廠的控制權仍屬於軍隊，日軍可隨時另委他人經營。日軍在武漢實行軍管理委託經營的工廠不乏其例，如一九三九年二月，華商穗豐打包廠被日軍徵用後，改為「軍管理日本人棉花同業公會打包工場」。

「委任經營」：在對武漢自由事業的掠奪過程中，日方所採用的最普遍的掠奪方式就是所謂的「委任經營」。委任經營廠系日本私營工商業者自行在華強佔的工廠，與軍管理委託經營不同，委任經營廠無論控制權或經營權均控制於日本會社之手，與日本軍隊無關。武漢地區被日商劫奪又以「委任經營」方式經營的民辦工廠為數不少，如日商東亞煙草公司經營南洋公司漢口煙廠等。

「中日合辦」：「中日合辦」是以各種方式迫使華商企業與日

---

34 陳真、姚洛、逢先知編《中國近代工業史資料》第二輯，三聯書店，1958年版，第438頁。

方「合辦」，名義上是「合辦」，實際上完全由日方操縱，是另一種掠奪方式。譬如一九三九年華商五豐麵粉廠與日商三井洋行合資經營，改稱漢口製粉株式會社。一九四〇年中日商人合辦武漢製茶會社，從事茶葉的製造及統製茶葉的運銷。

「租賃」：「租賃」並非出自華商的自願，而是帶有強制性的「租賃」，是變相的掠奪。一九四〇年起日本三井洋行租用漢陽福和廠榨油機件，租期四年，每年租金日鈔九千元，扣除三井洋行墊付的修理費，實際每年僅支付租金日鈔六千元。

「收買」：日方用非常低廉的價格強行收買所看中的、對日方有較大利益或作用的華商工廠。如日商彰義低價購買康成酒廠，改設林大酒精廠。

在半殖民地的武漢，有的華商為了獲得租界及外國特權的庇護，在租界開辦工廠，改掛「洋旗」。武漢淪陷前，有的華商為了躲避戰火，或將工廠遷入租界，或將貨物寄存於英美商人的堆疊。日軍侵入武漢後，租界當局「懾於威脅，無力抗拒，但為維持全租界之安全，只有犧牲中國人之權益，以換取軍事衝突之避免」，使這些華商工廠及資產難逃日軍的魔掌。一九三九年二月，位於特二區（原德租界）華商穗豐打包廠被納入日軍「軍管理」。華商金龍麵粉廠設於法租界，向法國領事館註冊登記，「掛旗」經營。初有賴法租界當局保護，尚能拒絕日方染指，堅持經營。但日商「垂涎本廠，勾通寇軍特務部，由日領事向法領事嚴重交涉，始而強迫商廠出賣，繼而強迫官廠合作，兩者均遭嚴正

之拒絕，終乃惱羞成怒，欲以武力佔領商廠」[35]。法國領事顧及法租界安全，不使日軍藉口侵入，不再維護華商利益。一九三九年六月，日商擬定不平等合同，以「租金每月日金一千五百元整」租借金龍麵粉廠，並改名為日東製粉株式會社經營。

一九四一年七月二十九日，偽漢口特別市政府實施關於外僑交易暫行取締辦法，將美國、加拿大、英國等國列為實行取締辦法的指定國，規定「本市國人寄存於英美商棧之貨物，如疋頭、洋紗、海味、煤炭各項物，以針對英美凍結資金之故，非徹底清查，不能搬運」。[36] 凍結令的實施，使華商難以取回寄存於英美商棧中的貨物。後經各同業公會再三爭取，偽漢口特別市政府於八月初公佈《搬取及納入指定國人及指定國法人倉庫物資辦法》，規定漢口的中國商人出指定國人及指定國法人倉庫店鋪搬取物資或向各該場所納入物資時，須先向市商會申請登記，由該會填具物資移動申請許可證，轉請阿南部隊特務部長及市長蓋章許可，發交申請人收執，才能移動。華商要想從英美商棧中搬取屬於自己的物資，依然面臨手續繁多、嚴格審查等難題。一九四二年四月間，日方曾准許將英美堆疊裡中國商人存貨發還，隨即又藉口軍用扣留一大部分，所發還的一小部分複受種種苛索，等於以價購買。由此可見，在日軍的野蠻統治和掠取下，租界不再

---

35 漢口金龍雲記麵粉廠編印《漢口金龍雲記麵粉廠請求發還全案紀實》，1946 年版，第 12-13 頁。

36 《國人寄存英美棧貨 商會昨日開始登記》，《大楚報》1941 年 8 月 2 日。

是華商的安身立命之所，甚至因受英、美等國牽連，而招來不利影響。

　　尤其是太平洋戰爭爆發後，日軍進佔漢口租界，不僅沒收和接管英、美等國工廠，還乘機大肆侵奪租界內的華商工廠。掛「洋旗」以外商名義註冊的華商企業，被日軍以「敵產」為藉口全部接管，實行「軍管理」。未掛「洋旗」的華商企業，大多也被日軍侵佔，納入「軍管理」體系。如武漢淪陷之初，中英合資利華打包廠因打著英商的牌號，得以維持運營。太平洋戰爭爆發後，利華打包廠被日軍以「敵產」名目加以接管。即使極少數留漢華商工廠未被日軍侵奪，但由於受到戰爭、交通等因素的影響，也是奄奄待斃。如興商茶磚公司專門生產紅磚茶，銷往俄國，出口全賴平漢鐵路和長江航運。武漢淪陷後，平漢路線及長江航道被日軍控制，湖南茶葉原料不能運來武漢，紅磚茶無法運銷出去，公司只能停業。

　　戰前武漢對外貿易雖以外國洋行為主，但也有部分華資商行從事外貿經營。日軍佔領武漢後，「工商事業均受軍部（即日軍軍部）統制，而進出口貿易統制尤為嚴格。凡裝運貨物，無論出口、進口必先得軍部許可。國人之經營斯業者，必假日商名義，並托日商報關裝船，再由日商銀行承做軍票押匯，手續至為繁重」。[37] 華商傳統外貿項目一落千丈，如桐油、牛皮、棉花出口

37　塗文學主編《淪陷時期武漢的經濟與市政》，武漢出版社，2005 年版，第 2 頁。

等。據一九四一年《武漢報》報導，過去每年由漢口輸出的生皮約十萬擔，多時達到二十多萬擔，「現在的出口，因為沒有精確的統計，也就難以得知，不過出口的量一定是大減了」[38]。

在日方大規模掠奪和壟斷之下，武漢地區民族工商業一派蕭殺蕭條景象，華商工廠紛紛陷入絕境，即使能夠開工生產，產品也難以外銷，只能喪失經營自主權，轉而生產軍用產品，仰人鼻息，被迫成為日本戰爭機器的附屬品及軍需加工廠。

（一）機械工業

機械製造工業與軍工有直接關係，日軍把它作為重點攫取物件。武漢淪陷後，未及內遷的民辦機器工廠計有四十多家，一千五百餘部機器，均被日軍佔據和搶掠。日軍強佔廠房，拆卸貴重生產設備運往日本，將殘餘設備拼湊起來，驅使中國工人開工生產軍需品，滿足日軍侵華戰爭需要。大多數民辦工廠由此陷於困境，朝不保夕，甚至在日軍的蹂躪之下破產倒閉。武漢民族機械工業損失慘重，因元氣大傷而一蹶不振。如呂方記機器廠原為武漢規模較大的軋花機製造廠，年產軋花機九百部，淪陷後未拆遷完的機器被日軍拆毀殆盡。江岸機廠未遷走的部分設備，由日軍第四野鐵道兵北崗部隊接管，強迫工人為日軍修理軍用鐵甲車和機車，平均每年修理二十至三十輛。至一九四一年四月，經過整

---

38 塗文學主編《淪陷時期武漢的經濟與市政》，武漢出版社，2005 年版，第 8 頁。

理復興，武漢共有民辦機器廠七十二家，職工一千餘人，但產品產量遠不及戰前水準，總資本更大為減少。

　　一九四二年九至十一月，據漢口日本商工會議所調查部統計，「武漢地區機械工業的投產工廠總數是一百零一家，其中，日本人經營的工廠只有十三家，其餘的八十八家都是華人企業……從資本額來看，華人企業的八十八家工廠的總資本額是九萬一千五百元（舊法幣）……沒有擁有一萬元以上資本金的工廠，僅有一家工廠擁有一萬元，有兩家工廠擁有五千元以上一萬元以下，其餘大部分都是五千元以下的小規模工廠」。[39] 至一九四四年七月，武漢機器工廠增至一百二十五家，但總資本不升反降，平均每家資本不足一萬元。

（二）電力工業

　　武漢淪陷前夕，武漢民族資本經營的電力公司有漢口既濟水電公司、武昌電燈公司及漢陽電氣公司。一九三八年十月，既濟水電公司將六千千瓦發電機組全套設備西遷四川宜賓電廠，將在漢業務交由英商漢口電燈公司代為管理。武昌電燈公司電廠不及拆遷，為免落入日軍之手，全部自行炸毀。

　　武漢淪陷後，英商電燈公司雖與日方交涉代管既濟公司事宜，仍無濟於事。以致「既濟公司以及水電兩廠、水塔等處，悉

39　塗文學主編《淪陷時期武漢的經濟與市政》，武漢出版社，2005 年版，第 327-328 頁。

被日軍佔用，留漢員工亦多被迫退出。公司迫不得已，乃發給各該員工遣散費一月，暫行解散⋯⋯而公司業務，至此遂完全停頓」。[40] 一九三八年十一月二日，華中水電株式會社強行佔用既濟公司留下全部資產，於二十日恢復發電，送往漢口水廠及日軍駐地。漢陽電氣公司廠房則被日軍船舶修理廠佔據，作為存貨倉庫。武昌僅存裕華紗廠自備電廠一百一十四千瓦發電機。

整個淪陷期間，武漢工商凋敝，電氣設備損壞嚴重，既濟水電公司未建新機，武漢民族電力工業由日本華中水電株式會社掌控，慘遭摧殘。一九三六年武漢共有電燈戶二萬六千八百七十三戶，淪陷期間減至一萬二千零六十一戶，且多為日軍日商佔用。屬於漢口「難民區」的漢正街、大夾街、長堤街、戲子街和福建街內，居民用電燈者僅三百七十三戶，其餘多用電石燈和植物油燈照明。在戰時體制下，日軍為了限制公共電力，甚至拆除漢口路燈專線，使路燈數量急劇減少。一九四〇年漢口「難民區」僅存路燈二百九十二盞。一九四一年偽漢口特別市政府成立後，才逐年增裝。

與生活用電、公共用電銳減相對應的是，日軍軍事用電劇增。一九四〇年十月，為供應日軍軍事之需，華中水電株式會社拆去大批民用電設施，架設臨時線路，由漢口大王廟電廠分別向漢陽、武昌敷設兩條長江、漢水水底電纜，向漢陽、武昌供電，首次聯通武漢三鎮電網，並以 6.6 千伏通電運行。一九四二年

---

40 《既濟水電股份有限公司概況》，1949 年版，第 10-11 頁。

度，據華中水電株式會社統計，武漢全市總用電量 2471.42 萬千瓦時，其中動力占 68.69％，主要供日軍軍事工業用電。[41] 太平洋戰爭爆發後，英商漢口電燈公司被日本華中水電株式會社強行接管。一九四四年八月，華中水電株式會社又強行佔用武昌第一紗廠發電所，並在武昌蛇山洞內裝設柴油發電機。

（三）紡織工業

　　武漢是中國現代紡織工業基地之一。武漢淪陷前，大批民辦紡織工廠內遷。淪陷期間，武漢民族紡織工業受到空前的浩劫和損失。震寰紗廠未及運走的二百五十臺布機及全部設備存放於漢口打包公司與德租界高寶堆疊，結

・一九四一年日軍強佔武昌第一紗廠，並交由日商泰安紗廠委托經營。圖為武昌第一紗廠遠景

果廠房被日軍作兵站，物資被掠奪；申新紗廠二萬枚新紗錠及三百九十五臺布機寄存在漢口英商萬安、怡和洋行及美商中國汽車公司內，均被日軍搶走；武昌裕華紗廠遷移時留下的動力設備及三道粗紗機等價值五十七萬元的物資，日軍一併掠走，並強佔其

41　武漢地方志編纂委員會主編《武漢市志・工業志》下卷，武漢大學出版社，1999 年版，第 1595 頁。

廠房為軍用倉庫。漢口福興源漂染整理廠是一家頗具規模的漂染廠，設備齊全。淪陷後，該廠機器設備如蒸汽機、鍋爐、臺車、黑油馬達先後被日軍呂武第六一一部隊、大島屋清酒廠、吉田產業株式會社、福美人醬廠搬走，以致工廠陷於倒閉。京東染整廠廠房則被日軍佔用，開設酒廠。瑞華線廠設備由日人接管，在礄口開辦鳴昌線廠。

由於欠英商安利洋行債款，武昌第一紗廠未能遷走，全廠機器及價值三十多萬元的物資交由債權人安利洋行代管。武漢淪陷後，安利洋行以抵押權的關係，在武昌第一紗廠屋頂繪上英國標誌，並派英人駐廠看守。日本泰安紗廠負責人獲悉第一紗廠代理董事長程沸瀾在漢，威逼利誘，要求合作，遭程拒絕。一九四一年太平洋戰爭爆發後，日軍強佔在漢英美產業，第一紗廠被日軍管理，交由日商泰安紗廠委託經營，並改名為泰安紡織株式會社，以六十萬元作經營資本。除一紗廠原有設備外，日軍又從九江將英紗廠機器劫來，並運來湖北官布局的部分機器。由於缺煤少電，一紗廠開工不及戰前的四分之一，全部生產軍用品。

由於日軍大量需要軍襪、軍衣、手套等，針織品需求量一時劇增，以軍用品生產為主的紡織業得以畸形發展。印染企業從一九三九年的一百六十戶增至一九四〇年的三百二十七戶，針織企業由原來的七十戶發展到一九四三年的三百一十五戶。其中不少企業由日商投資經營，如白木、後藤、中川、宏華等洋行和針織廠除有十二部電動襪機外，還有數百部手搖襪機，生產軍襪與軍用手套；瑞康、三橋、和平、阿布市等日本洋行則控制整個毛巾業。由於日方採取控制生產和棉紗配給、統制產品銷售等政策，

一九四三年漢口染織紗布業同業公會「屬會工廠三百餘戶，布機三千餘乘，每月實需棉紗一千四五百件。前蒙三期配給數量合計不到六百件，平均每月近二百件，分配相差之數太巨，以致營業停頓，工人失業。」[42] 日方甚至將漢口中山大道至三元里所有經營針織品的華人商店一律繳銷營業執照，改由日本商人經營，從生產到銷售實行壟斷，獨佔武漢的紡織業市場，以致華商紡織業難分得一杯羹。

（四）麵粉加工業

　　二十世紀三〇年代，武漢是中國內陸麵粉生產量最大的城市。武漢淪陷前，福新、勝新、五豐等各大麵粉廠紛紛西遷。福新麵粉廠日產麵粉 1 萬包的機器設備及幾十萬條麵粉袋、機物料等未及內遷，寄放於英租界英商沙遜棧房與美商中國汽車公司內。武漢淪陷後，這些資產全被日軍掠奪，福新廠房亦被侵佔，兩座倉庫拆毀無存，損失極為慘重。一九三九年金龍麵粉廠被日商三菱、日東兩家洋行以少量租金租借，改名為日東製粉株式會社，加工軍糧，日生產能力一千六百包。不久，日軍又將搶來的福新麵粉廠機器設備運入該廠，擴大麵粉生產能力。一九三九年五豐麵粉廠負責人姚維章從香港回到武漢，與日商三井洋行合資經營。三井洋行將從上海祥興麵粉廠掠奪的製粉設備運至五豐麵

42　漢口特別市商會編《漢口特別市商會第四次會員大會提案》第四十案，1943 年版。

粉廠安裝生產，並更名為漢口製粉株式會社，初期自產自銷，一九四〇年後改為日軍生產軍粉。

由於日軍的殖民掠奪政策，農業生產受到嚴重破壞，武漢市場上麵粉奇缺。武漢資本家看准商機，興辦了不少小型麵粉廠及畜力磨坊。如第一家小型麵粉廠瑞豐麵粉廠由龔齋公、袁毓英合辦，日產麵粉六百包。一九三九年陳堯軒建立堯記麵粉廠，雇工十餘人，日產麵粉三百包。至一九四〇年前後，武漢已有小型麵粉廠十二戶，日產麵粉約四千包。畜力磨坊二百多戶。至一九四一年，已有十一戶畜力磨坊改為機器磨粉。日偽政府為了使淪陷區經濟服從於其軍事戰略的需要，強制施行一系列限制和控制麵粉市場的法令，如一九四〇年頒佈《處罰縱操物價辦法》，次年又頒行限價法令，限定米糧價格，嚴禁多購米麥糧食，徹底切斷武漢麵粉市場與原料產地之間的聯繫。法令的實施對米麵工業廠商打擊極大，小型麵粉廠只有秘密生產，以防日軍查封。一九四〇年漢口堯記與寶新新記兩家麵粉廠被日軍發現秘密生產，即被沒收一千多包小麥。一九四二年工廠負責人羅寶珊、彭金鳳等人也因此原因被抓到漢口經濟調查班拘留，花大量銀錢才予以釋放。除了日軍控制的日東製粉株式會社與漢口製粉株式會社、寶豐麵粉廠外，其他民辦麵粉廠受到嚴厲控制，加之原料短缺，不僅難以發展，反而日趨倒閉。至抗戰勝利時，武漢小型麵粉廠僅剩十一家，畜力磨坊七十家。

（五）糧油食品業

武漢素為華中地區糧油商品的集散地及加工中心。武漢淪陷

後，日軍壟斷武漢糧食市場，嚴格控制碾米業，將曹祥泰等米廠
設備劫走，先後開設漢口、正伸、同益、長島、正大及日華等米
廠，為日軍加工軍糧。未內遷的民辦米廠則被日軍掠奪、破壞，
損失巨大。為了在困境中求生存，華人米商購買汽車引擎及汽船
上的發動機等作動力，安裝簡單的礱谷米機，在漢口難民區開設
小型碾米廠五十多家，一九四二年增至一百餘家，一九四四年已
達一百三十八家，共有職工八百八十七人。碾米廠工人多至十餘
人，少則一人。華商自營米廠因糧源被日軍控制，處境艱難，只
能到漢口張公堤外與糧販秘密成交少量原糧，運進市內加工生
產。有些碾米廠因無法維持生計，被迫轉向經營，或利用石磨磨
制雜糧供應市場，維持度日。

武漢淪陷後，華商新泰油廠被日本三菱洋行霸佔，改名三菱
榨油廠。一九四一年日商三井物產株式會社收並華商立豐油廠，
改為日資控制下的日華製油廠，新業與謙順兩個油廠亦由日華製
油廠經營。一九四四年日軍呂武集團急需柴油及潤滑油，三井株
式會社將立豐、謙順等廠土地、建築物、機械設備全部獻給日
軍，由日軍委託日本第一工業製藥株式會社經辦，負責柴油、潤
滑油生產，為日軍提供軍需供給。日軍占駐華商信元油廠、福源
油廠、「中植」漢口廠，壟斷整個漢口榨油市場，榨制黃豆、棉
籽、菜籽等食油，月生產能力十多萬公斤，供應日軍軍需。而十
二家小型華商榨油廠月生產能力僅約一萬公斤。抗戰勝利前夕，
日軍除將日信一廠、日信二廠的設備撤走外，還洗劫了武漢私營
油廠。

淪陷時期，武漢食品釀造業驟然蕭條。留漢的食品廠多數因

虧本宣告倒閉。名噪三鎮的東記、西和、南珍、北達四家食品店，最後只剩東記一家。據一九四四年漢口市食品製造同業公會會員冊記載，只剩冠生園等五十九家，比戰前減少三分之一。釀酒業也深受打擊，南酒坊由原來的七十多家減少至三十多家。不少釀酒醋坊為生存被迫轉向，專為日軍生產軍用酒精。一九三九年七月，日商在漢口開辦華中釀造株式會社，又於一九四〇年相繼開設高木釀造場、漢口醬油釀造株式會社、日華製油漢陽味噌醬油工廠、吉川清酒釀造場等。太平洋戰爭爆發後，日軍的石油供應更加困難。為了解決軍隊的石油不足，日軍在佔領區強迫民眾用糧食製造酒精。一九四三年駐漢陽縣日軍強佔富源、華興兩磚瓦廠，改作酒精廠，勒令附近各村農民將所種禾稼活苗三百二十餘畝一律剷除，改種紅薯，作為製造酒精之原料。同年日商林彰義購買康成酒廠，改為林大酒精廠，專供軍用。一九四四年日商又在漢口、漢陽開辦大二、出光等酒精廠及漢陽味精廠，生產酒精、醬油、南酒、味精等產品，控制了武漢釀造業。

（六）棉花打包業

　　武漢淪陷前，有五家大型棉花打包廠，即英商平和打包廠、隆茂打包廠，日商日信打包廠，華商穗豐打包廠，漢口打包廠。武漢淪陷後，以華商劉季五、程棟臣等投資為主、英商安利英洋行參股的利華打包廠（原名漢口打包廠），憑藉英商的招牌得以繼續經營。太平洋戰爭後，日軍進佔利華打包廠，該廠業務完全停頓。一九三九年二月，華商穗豐打包廠被日軍徵用後，在廠內設立「軍管理日本人棉花同業公會打包工廠」，錄用原班機匠及

打包職工，於四月開工打包。日方將營業室及庫房占作駐廠部隊辦公室與軍用倉庫，並在廠內安置制機機器，作製冰廠，每日製冰五十噸。太平洋戰爭爆發，日軍進佔英商平和打包廠。淪陷時期，武漢的棉花市場為日本人所壟斷，不僅之前停工的日信打包廠復工打包，英商隆茂、平和等打包廠都為日方打包。

（七）日用化學工業

武漢淪陷前夕，楚勝火柴廠因無條件內遷，被迫解散。日軍進入武漢後，將該廠存放的機件設備及原料掠奪一空，搬至漢口球場街外的英商怡和牛皮廠，交由日商三井洋行經辦，改為三井火柴廠，生產聚寶盆火柴，主要供日軍使用，少量進入市場銷售。由於工人多是從四鄉強行拉來，備受欺凌與剝削，生產效率不高，雖然開動十部排梗機，日產火柴僅四十至五十簍，而且產品品質低劣。武漢淪陷後，日軍利用所強佔的華商肥皂廠廠房及設備，先後在漢開設數家肥皂廠，佔據武漢肥皂市場的壟斷地位。其中日軍強佔曹祥泰肥皂廠，改名日華肥皂油脂廠，繼續生產；掠奪太平洋肥皂廠的廠房、設備，開辦第一工業株式漢口工廠；又開辦金龍肥皂廠、三民肥皂廠。這幾家肥皂廠月產肥皂二萬箱，行銷三鎮，獨霸市場。而中國商人開辦的肥皂廠，一九四二年漢口僅有十三家，比戰前減少一半，日產肥皂不足兩百箱。日商三松公司在漢口成立蠟燭製造廠，一九四二年生產蠟燭約一萬箱，供給民用和軍用。武漢淪陷時，絕大多數華商小搪瓷廠、小玻璃廠因原料來源及資金問題，處於停業狀態，日商乘勢取而代之。一九四〇年日商開設華中瓷器株式會社，把江西制瓷原料

運至漢口，生產瓷器。湖北玻璃廠被日軍佔據後，停產平板玻璃，改產供日軍軍需的玻璃藥瓶。一九四一年日商在漢口開設吉田玻璃廠，生產玻璃杯、磅瓶、裝注射針藥的真空管及酒瓶等。一九四二年六月，在日軍命令下，日商吉田洋行籌辦武漢硝子（玻璃）器具製造工廠，於十一月建成投產標本瓶、試驗管、尿器、裝置瓶等醫療器具，供應軍需。

（八）煙草工業

　　武漢是近代華中最大的捲煙產地。武漢淪陷前夕，南洋煙草公司漢口煙廠已將主要機件器材和原材料等運往重慶，設廠生產，並將未搬走的機件物料以美商衛利韓公司的名義，寄存於怡和、太古、中央及天祥等洋行堆疊，漢口方面的業務即告中斷。日軍進入武漢後，大肆掠奪，將南洋公司的大樓、宿舍、廠房占為己有。以日軍作後盾，日煙草業也迅速擴張到武漢。一九三九年九月，日商東亞煙草公司把從南洋公司上海廠掠來的捲煙機及原料等運入南洋公司漢口煙廠，開工生產。一九四〇年日資共盛煙草公司在漢成立，資本百萬元，出品禮拜堂、黃錫包等香煙。一九四一年，軍管理日本丸三煙草公司強佔頤中煙草公司兩個煙廠，武漢捲煙工業從此完全操縱於日方之手。一九四二年十月，日商成立「中華煙草株式公社」。該社是日軍煙草托拉斯組織，直接控制武漢捲煙製造與銷售，並由旗下的日商東亞煙草公司、丸三煙草公司等經銷。「中華煙草株式公社」將南洋煙廠改稱「中華煙廠」，繼續生產。此時廠內有男工一百四十名，女工七百四十名，大多為原南洋漢口煙廠解散工人，月產捲煙三千餘

箱，生產「白玫瑰」「紅玫瑰」「美芳」「指南針」「梅雀」「百合」等牌號，於一九四五年九月十四日停工。

（九）製藥工業

武漢淪陷前，華商製藥廠及藥房有的內遷，有的解散，有的遷避法租界。日軍進入武漢後，日本藥房勢力獨大，佔據武漢醫藥市場。日商丸三藥房和武田藥廠等相繼復工。思明堂藥房為了攫取暴利，變本加厲製造中將湯（調經藥）、利比爾（治淋病藥）及壯陽藥。日軍還開辦軍直營製藥工廠，並強迫躲入法租界觀望時局的華商藥廠復業，供其驅使。此外，拜耳漢口分廠也開工生產六零六、阿斯匹林等藥品，暢銷市場。後因日本藥商的傾軋及日軍的刁難，產量大幅下降。武漢華商藥業趨於衰微，由一九三六年的一百一十六戶降至一九四〇年的八十三戶，慘澹經營。

一九四三年一月，日商大新製藥有限會社在漢口投產，資本金五萬元，生產醋酸、杏仁水、硫酸銅等。

（十）建材工業

日軍侵佔武漢後，未遷民辦建材廠有的機器被強搶，有的被無償徵用，有的被迫轉產，遭受嚴重摧殘。阜成磚瓦廠的動力設備被日軍拆走，只能生產手工磚。漢陽恆泰磚瓦廠則被日本海軍特務部強佔，掠走磚瓦各數十萬塊。一九三九年又將該廠移交日本品川白煉瓦株式會社，「所製造之紅磚及洋瓦等大半均為軍需

納入用品」[43]。日軍佔用同惠、華興、富源磚瓦廠，改為生產酒精。為了趁武漢淪陷之機大撈一筆，日商森下秀雄與華商合營和記公司石灰廠，在武昌赤磯山開窯煉灰，月產三百至四百五十噸。日本洋行另在阜成石灰廠建立立窯二座，通過改造設備生產水泥，並更名為土敏土廠。日商隆華、大岩兩家公司則壟斷砂石業的生產經營。由於修建因戰火而受損的城市建築物的需要，並供給軍需之用，日商還設立品川白煉瓦株式會社、三菱煉瓦工場、揚子工廠公司，專門生產各類磚瓦。

（十一）手工業

武漢淪陷前夕，武漢手工業工廠部分內遷，手工業者大多逃離武漢。在日軍佔領初期，皮革、皮件、沙發、木器、算盤等手工業因日軍需求，一度有所發展。但之後由於日軍嚴格控制原皮、木材等原材料，導致生產驟減，店坊倒閉，其中皮革、皮鞋、皮件鋪店停業者近三分之二。因為材料短缺，銅器、白鐵等金屬製品業更是慘遭打擊，工匠紛紛歇業回鄉。紅爐業工匠則被迫為日軍鍛造軍用工具，來勉強維持生計。由於日軍實行捲煙專賣制度，嚴密控制捲煙市場，機制捲煙供應匱乏，手工捲煙隨之在武漢興起。許多失業工人以手工捲煙謀生，主要集中於漢陽十里鋪一帶，約有百戶之多。至一九四〇年，漢口手工業能夠維持

---

43 塗文學主編《淪陷時期武漢的經濟與市政》，武漢出版社，2005 年版，第 340 頁。

生產的只有一千八百五十四戶，主要行業有木器業六十一戶，竹藤業一百四十七戶，皮鞋皮件業九十一戶，白鐵業二百六十戶，銅器業一百戶，板箱業一百戶，鞋帽扇業一百七十五戶等。[44] 漢陽西鄉是毛巾織造業聚集地，「該業在事變前，約達一百三十餘戶，其時基於原料便宜，生產化豐，獲利亦頗不惡；事變後，復歸復業，乃至現在，約計七十餘戶之多，較事變前戶數減少十分之四五，生產亦較事變前減削三分之一二」。[45]

武漢淪陷期間，不僅僅是以上主要工業領域，其他各行各業均飽受摧殘。就印刷業而言，日軍佔領武漢後，印刷業亦被日商控制。日商繼「崇文閣印刷廠」之後，又在漢口開設「飯田三寶堂」「木村」「新生堂」「武漢印書館」等印刷廠，以較完備的生產設備，壟斷了市場上的大宗印件，迫使不少華商印刷廠停止經營。在造紙業方面，白沙洲造紙廠和諶家磯造紙廠內遷後，其廠房均被日軍占作軍用倉庫。一九四〇年日方在漢陽開辦武漢制紙株式會社，其設備除楊格式紙機系從山東運來外，其他生產設備均從武漢三鎮各工廠內強行拆占，日產衛生紙一噸左右，專供日軍需用。在製冰工業方面，一九四〇年三月，日本水產漢口冷凍工場建成，日製冰量十七噸，冷藏庫收容量三百噸，製冰與冷凍魚肉，供應軍需民用。一九四一年七月，日商中華製冰廠復

44　武漢地方志編纂委員會主編《武漢市志・工業志》下卷，武漢大學出版社，1999 年版，第 996 頁。

45　《毛巾業復業──織造發源地在漢陽西鄉》，《武漢報》1940 年 8 月 1 日。

業。太平洋戰爭爆發後，位於法租界由華商經營的和利製冰廠被日本海軍接收，交由中華製冰廠委託經營，日製冰量十八噸。因缺乏原料及資金來源，外福星、胡有記、老太和、夏漢記、劉森記等許多華商小玻璃廠被迫倒閉。武漢地區的製茶業則完全置於日軍控制之下。

　　至於內遷工廠廠房被日軍強佔用作倉庫和兵站的情況，則更為普遍。漢陽兵工廠、漢陽鐵廠等廠房均被日軍占作軍用倉庫。日方通過對武漢民辦企業的操縱和壟斷，對武漢經濟瘋狂地掠奪與統制，掌控了武漢地區的經濟命脈，為日軍侵華打造出「以戰養戰」的後勤補給基地。

二、武漢民族工業的殖民化

　　日軍佔領武漢的七年間，武漢經濟實權全由日軍所掌控，殘餘的民族工業慘遭掠奪，完全喪失自主發展能力。日方自己亦明言「本市（即武漢）綰轂南北，地處衝要，過去為全國大商埠之一，商業輻輳，工廠林立，但事變後情形迴非昔比，各公司工廠均經停辦，尤以工廠機件有搬往他方者，有全部拆卸者，恢復非易」。[46]

　　一九四一年偽漢口特別市政府秘書處編寫了《漢口特別市政府二周年市政概況》一書，其中列有一張《漢口特別市民營工廠

46　漢口特別市政府秘書處編《漢口特別市政府四周年市政概況·社會》，1943年版，第29頁。

調查表》。該表以化學、飲食品、煙草、紡織、服飾品、文化等行業為劃分，大致羅列了抗戰前與武漢淪陷後漢口民辦工廠的經營與現狀，資料對比一目了然，從中可以看到淪陷後漢口民辦工廠或毀

‧在日軍戒嚴之下，武漢中國國貨公司關門停業

於戰火，或停工歇業，或被日商接辦，或為日軍侵佔，趨於全面崩潰狀態。

表 8-1 漢口特別市民營工廠調查表

業別	事變前狀況					現在狀況		
	廠名	負責人	資本（元）	年產值（元）	工人數（人）	廠名	負責人	備考
化學	華日藥品	陳言之	6000	40000	49			歇業
	楚勝火柴公司	萬澤生	60000	617700	500			町野部隊情況不明
	亞細亞火油公司	海益			60	亞細亞火油公司	麥克利	
	美孚火油公司	哈司			40	美孚火油公司	哈司	
	大冶煤油廠	鄭昌	27500	150000	40			洞庭街無此油廠

業別	事變前狀況					現在狀況		
	廠名	負責人	資本（元）	年產值（元）	工人數（人）	廠名	負責人	備考
化學	德士古煤油廠	史德福			120	德士古煤油廠	杜亞廷	
飲食品	福新麵粉廠	李國偉	1500 000	6000 000	323			警備隊情況不明
	裕隆麵粉廠	馬雨堂	50000	3500 000	136			均已炸毀
	金龍德記麵粉廠	黃雲卿	50000	1500 000	95	日東製粉金龍面粉廠	伊藤靜夫	
	寶善機器米廠	陳秀珊	72000	606395	60			高木部隊情況不明
	曹祥泰機器米廠	曹慕堯	40000	400000	30			燒毀
	大生機器米廠	張伯先	30000	360000	30			燒毀
	福源油廠	方拍庭	50000	1800 000	78			航空堆疊
	信元油廠	潘裕	50000	85000	84			航空堆疊
	安利英芝麻廠	馬克			340			停工
	振興餅乾廠	李炳炎	10000	50000	70			中和洋行堆疊
	嘉利蛋廠	克良	600000		310			停工

業別	事變前狀況					現在狀況		
	廠名	負責人	資本（元）	年產值（元）	工人數（人）	廠名	負責人	備考
飲食品	禮和蛋廠		500000		140			停工
	培林蛋廠		400000		58			停工
	美最時蛋廠	德商			190			停工
	安利英蛋廠	英商			175			停工
	瑞樂蛋廠	比商			37			停工
	太平洋茶磚廠	英商	1000 000	750000	376			歇業
	興商茶磚廠	黃雲浩	500000	550000	700			歇業
	新泰茶磚廠	英利			376			歇業
煙草	頤中煙公司礄口制煙廠	葉文司	700000	14976 000	1042			停工
	南洋兄弟煙草公司漢廠	胡英初	11250 000	87510 000	670	東亞煙公司	竹本德身	
	大英煙公司	畢博司			1760	大英煙公司	畢博施	

業別	事變前狀況					現在狀況		
	廠名	負責人	資本（元）	年產值（元）	工人數（人）	廠名	負責人	備考
紡織	申新第四紡織廠	李國偉	920000	7300 000	1565			警備隊情況不明
	泰安紗廠		3000 000	4200 000	1015			警備隊情況不明
	亞東織造廠	楊雲德	6000	160000	78			歇業
	遠東布廠	劉仲文	8000	50000	41			歇業
	和興織布廠	鄗廷珍	10000	30000	55	和興織布廠	鄗廷珍	歇業
	光華染織布廠	餘榮廷	10000	100000	102			歇業
	瑞華紗線廠	倪子蕃	6000	50000	43			歇業
	第一毛絨廠	徐庭芳	50000	100000	33			海軍倉庫
紡織	穗豐打包廠	鄭犖民	1000 000	350000	32			現行交易
	漢口打包廠	劉守誠	1000 000	180000	650	漢口打包廠	英商	事變以前歇業
服飾品	茂利紐扣廠	顧公使	10000	23000	60			軍區情況不明
	華太紐扣廠	李慶餘	10000	8500	46			軍區情況不明

業別	事變前狀況					現在狀況		
	廠名	負責人	資本（元）	年產值（元）	工人數（人）	廠名	負責人	備考
服飾品	公大紐扣廠	日商	20000	50000	105			軍區情況不明
文化	在東印刷所	馬莘芝	5000	20000	31			匿不陳明
	新聞報印刷所	張雲淵	10000	55800	39	武漢報		三井洋行住宅
	正義報印刷所	蕭恩承	10000	28470	33			海軍區情況不明
	掃蕩報印刷所	袁企園	50000	260000	75			萬太洋行三倉庫
	中亞印刷所	郝季貞	30000	40000	40			
	頤中煙公司印刷所	胡竹平	1000 000		303	頤中煙公司印刷所	馬好里	丸山洋行食料
	大同報印刷所	陶堯階	4000	8700	37			歇業
	東方印務局	杜澄波	10000	60000	38			
	漢口聖教書局	文勵益			44	漢口聖教書局	魏義柏	軍區情況不明
	大光報印刷所	趙惜夢	50000	22714	53			歇業
	國華印刷公司	蔡榮生	2000	12000	31			軍區情況不明

業別	事變前狀況					現在狀況		
	廠名	負責人	資本（元）	年產值（元）	工人數（人）	廠名	負責人	備考
文化	武漢日報印刷所	王亞明	100000	160000	68			武漢日報不公開
	漢記印刷所	陳子良	20000	14016	42			軍區情況不明
	中華印刷廠	陶菊泉	10000	35000	40			收歇
	大新印刷廠	趙義齊	20000	40000	37			歇業
其他	裕通粉袋廠	淩海洲	5000	100000	300			

注：轉引自漢口特別市政府秘書處編《漢口特別市政府二周年市政概況・社會》，1941年版，第24-32頁。

在「軍管理」「委任經營」「中日合辦」等旗號下，日方對華資工廠巧取豪奪，使武漢民族工業被深深地刻上殖民化的烙印。武漢民族工業成為日本壟斷財團的附屬品，日方直接經營或控股經營的武漢工業企業占比占到絕對優勢。為了抑制民族工業的發展，日方通過商品統制，壟斷工業原料，甚至還生產冒牌中國名牌產品，以詆毀中國民族工業的聲譽，佔領中國商品市場。太平洋肥皂廠出產的青龍牌肥皂馳名武漢三鎮，日軍佔領太平洋肥皂廠後，開辦第一工業株式漢口工廠，故意製造次品青龍牌肥皂，並提高售價，同時以每塊零點一元低價傾銷日本扇面牌肥皂，試圖在武漢市民中造成中國商品物次價貴、日本商品物美價

廉的印象，借此打擊武漢民族工業品牌，便於其長期進行經濟掠奪。

　　在日軍統治之下，被邊緣化的中國商人除了經營作坊式工廠外，大機器工業全部操縱在日本人手中。一九四二年據漢口日本商工會議所調查部統計，武漢地區機械工業的投產工廠總數是101 家，其中民辦工廠 88 家，日資工廠 13 家。88 家民辦工廠總資本額舊法幣 91500 元，其資本額 100-50 元的小本工廠有 27 家，500 元以上至 1000 元的工廠有 20 家，1000 元以上至 5000 元的工廠有 38 家。年產額為舊法幣 15 萬元。工人僅有 414 人，「平均 1 家工廠使用 4 到 7 個工人，並且 5 人以下的工廠有 59 家，占總數的 66%，從這些事實來看，本地區機械工業顯然十分貧弱。與其稱之為工廠，倒不如說其帶有小規模家庭工業、手工業性質，還不能稱得上是近代意義上的工廠」。[47] 而 13 家日資機械工廠均為武漢淪陷後創辦，生產設備較先進，總資本額軍票 179 萬元，工人總數 230 人，年生產額軍票 165 萬元，其資金、規模及生產水準遠超 88 家華資機械工廠。由於華資工廠大多為小本經營，比不上日資企業的大規模，在日方對武漢經濟實行統制的困境面前，華資企業為求生存，不可避免地產生對日方大機器工廠的依附性。武漢淪陷初期，由於作為戰略物資的金屬材料被日軍所控制，華資金屬製品業大都停產轉業，之後有所恢復。

47　塗文學主編《淪陷時期武漢的經濟與市政》，武漢出版社，2005 年版，第 329 頁。

據《武漢地區工業調查報告書第十號（華人鐵系金屬工業）》的
統計，「1943 年當年恢復開業的工廠合計 381 家，其中包括機器
工廠 84 家，翻砂工廠 14 家，紅爐鐵器業 262 家，餘下的還包括
洋傘骨工廠、襪子工廠等 21 家……其資本總額為 134508 元，工
人人數為 1395 人。平均一家業主有資本金 327 元，有工人 3.7
人」[48]。這些小工廠兼營產品的銷售，主要進行訂購式生產。當
時占支配地位的訂貨方是日商或日本鐵系工業者。日方訂購的產
品主要有軍需品、日鐵用品、水電用品等。華商業主根據日方訂
購商的要求，將部分工序分給其他業主分工協作作業，或以轉
包、租賃形式分配生產，這種華商業主生產產品所表現出的層遞
性正是有系統地依附於日方的經營形式。由此，華資工廠附屬於
日資企業，成為其承包工廠，被納入日方一手打造的武漢殖民經
濟體系之中。日方利用這些工廠所生產的日用品與軍需品，一方
面直接為軍事目的服務，滿足日本駐軍的需要，另一方面也以之
作為交換農副產品的砝碼，為其統制經濟服務。

　　淪陷時期，中國官辦工廠與民辦工廠的命運同樣悲慘，不是
被破壞與掠奪，就是慘遭滅頂之災。早在一九三七年十二月二十
四日，日本內閣會議決定的《處理中國事變綱要》提出，對於
「舊中國官方機關和土地、建築等，全部由我方接受，加以適當

48　漢口日本商工會議所調查部編《武漢地區工業調查報告書第十號（華
　　人鐵系金屬工業）》，1943 年版，第 2 頁。

利用」[49]。抗戰初期，儘管國民政府對武漢地區的官辦工業開展
有計劃內遷，但仍有個別官辦企業及設備未能遷完，遺留在武漢
及周邊地區。日軍一進入武漢，凡是未及撤遷的政府所有或政府
參股，甚至沾染政府色彩的資產，一律視之為「敵產」，予以查
封、凍結或當作戰利品沒收，同時對被沒收的一些尚有生產能力
的官辦工廠實行「軍管理」。下表選自一九四一年偽《漢口特別
市政府二周年市政概況》一書，從一個側面揭示了武漢淪陷後漢
口平漢鐵路電燈廠、平漢鐵路機務廠處於日軍「軍管理」下的現
象。

表 8-2 漢口特別市公營工廠調查表

| 業別 | 事變前狀況 | | | | | 現在狀況 |
	廠名 （數字系廠數）	廠地	負責人	資本 （元）	工人數 （人）	備考
漢口	8			1500	1446	
水電	平漢鐵路電燈廠	江岸車站	鄭 鴻		42	洪部江英部隊
交通 工具	平漢鐵路機務廠	江岸車站	羅英韓		580	青宮部隊
	平漢鐵路機車廠	江岸車站	王 大		478	禁止通行情況 不明
	平漢鐵路修理廠	江岸車站	張履鼎		186	
	平漢鐵路碎修廠	江岸車站	陳一龍		35	
	平漢鐵路枕木廠	江岸車站	蔣振銘		25	

49 復旦大學歷史系編譯《日本帝國主義對外侵略史料選編（1931-
1945）》，上海人民出版社，1983 年版，第 256 頁。

業別	事變前狀況					現在狀況
	廠名 （數字系廠數）	廠地	負責人	資本 （元）	工人數 （人）	備考
交通 工具	平漢鐵路電報廠	江岸車站	李常海		30	
	貧民工廠	長堤街	陸仲屏	1000	70	

注：轉引自漢口特別市政府秘書處編《漢口特別市政府二周年市政概況・社會》，1941 年版，第 19 頁。

除以各種名目攫取佔領區華資企業，日方在武漢也新設不少日資工廠。這些工廠資本來源大多為日方在華經濟掠奪後的再投資，或是日本政府為貫徹侵華「國策」而特批的財政撥款，其中以日軍掠取資源設立新廠為多。日軍強行接收部分內遷工廠留下的廠房、設備，並將機器設備集中拼湊，設立新的工廠，委託日商經營，如華中電氣股份有限公司、日華紡織株式會社、華中煙草株式會社、日華製油廠等，均以這種形式建立。總之，無論是日方侵佔華資工廠，還是設立日資企業，都具有明顯的軍事和政治目的，即倚仗著軍事佔領下的超經濟特權，利用武漢地區的人力、物力與財力，來掠取戰略物資和巨額利潤，為日軍戰時統制經濟體制服務，提供「以戰養戰」的經濟支援。至一九四五年，日本在以武漢為經濟中心的湖北佔領區建立了大量的軍事、民營企業，據戰後不完全統計，日本在這一地區僅有軍事工廠、倉庫就達百餘個，廠礦、花紗布、五金器材、現金股票及有價證券的

總額，達 97488.27 億元。[50]

第三節 ▶ 外資企業被日軍徵收

　　漢口開埠以後，外國資本湧入武漢，建洋行、設工廠，使武漢成為外國資本工業的集中地，其中以英、美、德、法等歐美國家為主。它們資本雄厚、技術先進，且享有多種政治、經濟特權，對武漢民族工業處於支配地位。當時漢口「若幹工業組織，其主要者無一不為歐美商行所劫持操縱，國人幾無插足之地」。[51] 日軍佔領武漢地區後，以軍事力量為後盾，攫取大量民辦工廠，利用所掌控的武漢豐富的原料資源及較強的經濟基礎，擴充日資工業力量，排擠歐美資本勢力，壟斷對外貿易及各行業，在與歐美資本的競爭中處於有利地位。直至太平洋戰爭後，最終排斥英美勢力，獨佔武漢市場，控制了武漢的經濟命脈。

一、日軍對英美洋行的限制與佔有

　　抗戰以前，武漢對外貿易主要操縱於外國洋行之手。這些洋行組織如密織的蛛網，滲入武漢社會經濟的各個領域，諸如英商太古、怡和洋行控制長江航運，美商美孚、德士古及英商亞細亞

50　田子渝、黃華文著《湖北通史・民國卷》，華中師範大學出版社，1999 年版，第 581 頁。

51　伍宗培：《漢口工業之展望》，《武漢報》1944 年 10 月 22 日。

三家石油公司壟斷石油貿易，瑞商德昌洋行主辦腸衣出口，英商和記洋行占蛋品出口之大宗。其他如茶葉、豬鬃、桐油等農產品的輸出，也幾乎為洋行所獨佔。據不完全統計，抗戰以前外國出口商以英國最多，共十家；德商次之，八家；日商四家；美商三家；法商二家；丹麥、加拿大、印度各一家，總計三十家。[52] 武漢淪陷後，日本勢力侵入西方資本集中的武漢地區，伴隨著日本加強對佔領區的經濟掠奪，圍繞著在華經濟利益問題，日本與歐美資本之間的對立日趨劇烈。對於在漢的歐美洋行，日方刻意實施種種限制政策，排斥美英商業勢力。

首先，日軍統制武漢的航運業，實施貿易許可證制度，限制歐美洋行航運貿易。戰前，長江流域的交通主要依靠水運。日軍進佔武漢後，即以運送戰略物資為藉口封鎖長江，對長江航運貿易嚴厲統制，除日本海陸軍管理的船隻外，禁止各國商船航行長江。由於日軍強行控制長江航運，

・一九三九年一月，漢口法租界和利冰廠為漢口難民提供飲用水

52　曾兆祥主編《湖北近代經濟貿易史料選輯（1840-1949）》第四輯，湖北省志貿易志編輯室編印，1986 年版，第 303 頁。

英、美等國航運業急轉直下。據一九三九年報載,「日艦自封鎖中國沿海各口岸,拒絕開放長江珠江,阻撓各國商輪行駛,任意檢查扣留,故意為難,企圖獨霸各地航業,同時竭力擴充在華航線。於是,英、美、法、德各國對華航業均受影響,異常衰落,而日本突見起色,商輪出入,躍登首位」。[53] 為了獨佔長江沿線的貿易利益,日軍於一九三九年一月宣佈禁止武漢向上海運送鋼材、碳、煤、麻、棉、羊毛、皮革等物資,之後又規定「武漢與上海之間超過一千元以上的貨物往來必須有日軍發放的許可證方能運輸」[54]。一九三九年五月,日方甚至強行扣留各國在漢航運輪船,不許其下駛上海等地。「揚子江以往航運繁盛,今則呈荒涼景象。由漢至滬,水道中頗為淒涼,兩岸城鎮亦荒無人煙」[55]。

由於長江航路被阻滯,歐美洋行貨物難以從水路輸出武漢,洋貨亦無法輸入,武漢對外貿易一落千丈。「就海關統計所載,本年(即 1939 年)直接進口洋貨,僅值國幣十萬元,出口土貨,不過二萬一千元」。一九三九年十二月,在英、美等國交涉下,日軍制定了《開放長江的限制要點》,確定「在『不得從事援蔣利敵活動』或『有礙我佔領區治安或違背我方作戰需要』的限制下,實施最低限度的長江開放」。但由於只有日商才能從日

53 《日艦非法封鎖後之航業英國最受影響》,《申報》1939 年 4 月 29 日。
54 徐昭:《華中敵寇之貨幣侵略》,《中農月刊》1941 年 1 月第 2 卷 11 期。
55 《外輪多艘泊漢 日方不准下駛》,《申報》1939 年 5 月 6 日。

軍特務部申領物件搬運許可證，華商和洋商要想從漢口轉運貨物至上海，只能與日本商行合作。日商則按貨物市價百分之二十至三十收取運費，大牟其利。至一九四〇年，在日軍封鎖長江航運及許可證制度雙重壓力下，除法商立興洋行還代辦外國船票業務外，漢口英商太古洋行與怡和洋行、德商亨寶輪船公司與美最時洋行長江航業完全停頓，只有日商船只倚仗航運特權在長江上航行無阻，從事貨運、客運經營，賺取可觀利潤。「外商長江航運之連續停業，及歐戰之爆發，使當地（即武漢）物價極度高漲，又打破新紀錄。有若干外地出產之必需品，無法獲得」[56]，勢必影響到武漢的物資供給與經濟穩定。

其次，統制重要戰略物資，控制歐美洋行對外貿易。為了控制重要戰略物資，一九三八年十月，日軍制訂了《華中方面軍佔領地域內一般商品出入境取締規定》，規定桐油、棉花、豬鬃、茶葉等統制物資必須由日本軍方指定的日本商社經營，其他公司或個人不得經營，為日商進一步壟斷對外貿易提供了條件。日方還在武漢各出入口設經濟員警崗位，檢查貨物，所有貨物不僅禁止出城，即使在市區內轉運，也必須持有許可證方准通行。由此導致「進口則以日貨占絕對多數，自毋待言，國貨及西洋貨亦尚未絕跡，歐美商人之業進出口者，均仍株守，但亦不勝苦悶

56　《鐵蹄下的漢口外人商業已全部停頓》，《新華日報》1939 年 9 月 26日。

耳」。⁵⁷ 武漢淪陷前，武漢對外貿易多為外商所操縱，其中美、英洋行控制了石油貿易。日軍侵入武漢後，不僅查封各商店洋油、洋燭，還指派瀛華、凡善、吉田等數家日本洋行為代銷店，凡洋行投放武漢市場的煤油和蠟燭，非經過它們之手不可。出於維持經營需要，漢口美商美孚、美商德士古、英商亞細亞三家石油公司只好同意日方條件，與之合作，將全部存油交給這幾家日本洋行經銷。由上海運至漢口的聽裝煤油和洋燭，也由它們代銷。至於棉紗進口方面，淪陷後也只有日商東棉公司一家，銷售日產棉紗。由於具有絕對的壟斷地位，東棉通過一九四一至一九四二年間成立的棉紗交易市場，操縱價格，大發橫財。

　　一九三九年由於日方對「漢口施行實際上之『封鎖』辦法後，此間不絕如縷之外人商業，已速趨全部停頓。僅存之外商車行，美商其來洋行，現亦被敵方壓迫而停業，傳系由於敵當局拒不發給輸入汽車修理材料及零件之執照所致」。⁵⁸ 面對日軍的貪婪野心，即使外國洋行尋求駐漢領事館的蔭庇，亦於事無補。如位於漢口洞庭街的美商恆信洋行，在日軍進佔漢口時，曾由駐漢美國領事館在門前貼有佈告，說明該處為美商財產，閒人不得入內。但至一九三九年初，在美領館所貼佈告之上，「特貼有日軍司令部之佈告，聲稱非得日軍當局之許可，所有恆信洋行內之物

57　塗文學主編《淪陷時期武漢的經濟與市政》，武漢出版社，2005 年版，第 3 頁。
58　《鐵蹄下的漢口外人商業已全部停頓》，《新華日報》1939 年 9 月 26 日。

件，一概不許移動。由外運入之物品，亦一律不准」**59**，導致該洋行營業完全停頓。

在歐美洋行經營處於日軍制約的逆境下，淪陷初期歐美洋行為了維持正常運營，只好承認日軍對武漢的統治權，甚至採取與日本親善的辦法。一九三八年十月二十五日凌晨，漢口英商安利洋行經理馬克與怡和洋行經理杜百里等組織所謂的「安全委員會」，打著「歡迎皇軍」的旗子，前往陽邏迎接日軍入城，主動向日軍獻媚。由於日軍控制武漢全部水陸交通工具，實行貨物

·武漢淪陷時期，營業中的英美頤中煙草公司制煙廠

運輸許可證制，漢口美商美孚石油公司一方面通過日商丸善公司代為運輸貨物，另一方面雇用日本人充當分行經手人，專門與日本軍方聯絡有關業務，除發給工薪外，還按每月銷售油量的總金額提付百分之二的佣金，意欲在日本人的庇護下，擴大推銷。上海德士古石油公司總行則早在抗戰爆發不久，即派遣美籍業務助理到日本招聘數名日籍推銷員，準備分派到華各分公司。漢口淪陷後，首先來漢的有官崎喜慶（不久調去南京），之後上海總公

59　《漢口美商被壓停業》，《新華日報》1939 年 1 月 15 日。

司又派來其他日籍
推銷員，負責市場
銷售。華商永泰和
煙草公司原是頤中
煙草公司販賣公司
之一，「中日事變
後囿於物資搬運限

・武漢淪陷後，德商咪𠺘洋行停業。圖為該行辦公樓

制，致有相當變遷，如華中漢口地區之配給，由丸山商二接
辦」**60**。其他歐美洋行亦大體如此，不得不依附日方以維持生
計。

　　由於受戰爭因素影響，水陸運輸中斷，加上農村生產凋敝、
對外出口商品減少，以及日商的壟斷行為等，至一九三九年各國
洋行勢力已此消彼長，歐美等國在漢洋行因業務萎縮，只有苦苦
支撐，慘澹經營。即使日本的盟國德、意所屬洋行，依然境況不
佳。而日本洋行由淪陷前的四家增至六十餘家。一九三八年九
月，日軍進逼武漢，武漢電話局自動電話交換機四千門無法撤
運，移交德商西門子洋行保管。武漢淪陷期間，全部電話設備被
日偽華中電氣通信股份有限公司佔用。西門子洋行雖為協約國德
國的商行，但也不敢違背日本佔領軍的意願。一九四〇年該行停
業。一九四〇年初，偽武漢特別市政府對在漢外國商行進行統

60　陳真、姚洛、逄先知編《中國近代工業史資料》第二輯，三聯書店，
　　1958年版，第119頁。

第八章・淪陷期武漢工業的衰落及殖民化

計，調查結果如下：

表 8-3 駐漢各國商行調查表

國別	行名	營業事項	地址	現狀	備考
美國	慎昌洋行	工程、建築、進口、電氣、材料、器械	法租界	商務減少	
	米記洋行	出口、進口			
	合義洋行	桐油出口、穀類進口	法租界呂欽路	商務減少	
	其來洋行	汽車	法租界	停業	
	大來洋行	木材、汽輪公司	特一區	停業	
	米敦洋行	測量工程師、貨物船舶測量	特三區保順大樓	商務減少	
	景明洋行	工程師、技師	特三區景明大樓	商務減少	
	美孚洋行	火油	特三區花旗銀行內	商務減少	
	生利洋行	出口、進口、保險、郵船	特三區	商務減少	
	德士古洋行	出口、進口、保險、郵船	特三區	商務減少	
英國	安利洋行	工程、機械、建造、牛皮、汽車	特一區安利大廈	商情縮減	
	瑞記洋行	油類、牛皮	特一區安利大廈	商情縮減	
	通和洋行	運送	特三區保順大樓	商情縮減	
	天祥洋行	卸商、郵船	特三區洞庭街	停業	

國別	行名	營業事項	地址	現狀	備考
英國	太平洋行	茶、普通貨物保險	特三區	商務減少	
	葡內門洋行	石城、肥料	特三區湖南街	商務減少	
	平和洋行	荷造（即日文打包棉花）、雜貨、移出	特三區	商務減少	
	祥利洋行	貿易	特二區	商務減少	
	信孚洋行	保險事業	特三區	商務減少	
	勝新洋行	印度棉花	特三區	商務減少	
	其樂洋行	汽油	特二區	商務減少	
	湯笙洋行	會計事務	特三區	商務減少	
	頤中煙草公司	煙草	特一、二區、礄口	商務減少	
	保平洋行	貿易、海上保險	特三區滙豐銀行		
	漢口荷造洋行	荷造	特三區		沙市分號
	雀巢牛乳公司	牛乳	特三區		
	禮福公司	絲	特三區		
	平准洋行	秤	特三區		
	亞細亞火油公司	煤油、汽油	特三區		
	和記洋行	卵	特一區		
	漢口電燈公司	電氣	特二區		
	隆茂洋行	荷造	特三區		
	景明洋行	產業事業	特三區		
	和利冰廠	冰汽水	法租界		
	亞細亞煤油廠	石油	丹水池		

國別	行名	營業事項	地址	現狀	備考
德國	德華洋行	出口、進口	特一區	停業	
	禮和洋行	出進口、顏料、機器、工程	大智路	停業	
	西門子洋行	電氣、材料、工程	特二區	停業	
	德孚洋行	機械	特三區	停業	
	愛禮司洋行	顏料	特三區	停業	
	福來德洋行	機械	特一區漢中街	停業	
	老吉利洋行	機械	特一區一元路	停業	
	孔士洋行	進口、機械、保險	特三區	停業	
	咪吔洋行	進口、工程	特一區	停業	
	美最時洋行	出口、郵船、保險	特一區	停業	
	裕興洋行	出口、進口	特二區	停業	
	嘉利洋行	出進口、保險、蛋廠	特二區	停業	
	禪臣洋行	出進口、工程、保險	特一區	停業	
意國	中意輪船公司	運輸	特一區漢江街	暫停營業	
丹麥	寶隆洋行	輪船、運輸、木材	特一區江漢路	停業	
美國	美亞保險總會	水上、火災、人壽、汽車等保險	特三區	商務減少	
	美國外國保險會	水險	特三區	商務減少	
	美國保險公司	各種保險	特二區漢中街	商務減少	
	大美保險公司	各種保險	特二區漢中街		
	美商聯邦商業有限公司	各種保險	特三區	商務減少	保險事業美人中最有勢力

國別	行名	營業事項	地址	現狀	備考
英國	保寧保險公司	水上、火災保險	特三區	營業減少	
	漢口保險公會	管理保險會務	法租界		
	保裕保險公司	水上、火災保險	特一區安利大廈	營業減少	
	永年保險公司	水上、火災保險	特三區湖南街	營業減少	
	坎拿大永明生命保險	生命保險	特三區湖南街	營業減少	
	太平保險公司	生命保險	特三區保華街	停業	
	南英商保險公司	生命保險	特三區湖南街	營業減少	
	保和保險公司	水上、水災、生命等保險	特三區江邊	營業減少	
	宏利人命保險公司	生命保險	特三區江邊	營業減少	
	萬安保險公司	生命保險	特三區江邊	營業減少	
	保安保險公司	水上、水災、生命等保險	特三區江邊		

注：轉引自武漢特別市政府秘書處編《武漢特別市市政府周年紀念特刊‧市政府》，1940 年 4 月出版，第 56-90 頁。

　　據該表統計，至一九四〇年初，漢口六十六家歐美商行（含部分工廠與保險公司）中有十八家停業，一家暫時停業，二十八家商務減少，三家商情縮減。只有十六家尚能維持營業，其中包括和利冰廠、亞細亞煤油廠等生產型企業、漢口電燈公司等公用型企業，以進出口貿易為主的僅剩一家美商米記洋行。除此之外，直接經營進出口貿易的美商合義洋行、生利洋行、德士古洋

行，德商德華洋行、裕興洋行等紛紛歇業，與進出口貿易相關的歐美商行業務大減，造成武漢對外貿易額急轉直下，使本已蕭條的武漢經濟更趨衰敗。一九三四年漢口有報關行五十二家，至一九三八年十月後，因無業務可做，所有報關行全部停業。一九四一年漢口「海關貿易統計而言，本年運往外洋及通商各埠之土貨，俱付闕如，其直接進口之洋貨，共值國幣 58604 元，進口土貨，共值 132800 元。此項數位，乃仍包括二十七年（1938）進口而本年納稅之貨物」。而一九三七年「本埠進出貨值，按照海關統計所載，直接進口貨物，共為國幣 3340 萬元……進口土貨，共值 42460 萬元」。[61] 由於外貿停滯，為增加稅收，一九四三年日偽當局設立江漢關轉口稅局，收取轉口稅，但總額也不大，杯水車薪。由此可知，在日軍對長江航運及各類物資的統制之下，日趨式微的外國洋行對武漢外貿經濟急劇下滑影響之大。

日方把武漢作為殖民地來經營，勢必要在政治、經濟、社會等方面打上日方的烙印，不可避免波及到英、美等國在漢利益，其中數量居多的英、美洋行受到衝擊最大。英商和記洋行於一九〇二年八月在漢口開業，主要經營蛋品出口。為便於輸入原料輸出貨品，一九一〇年該行訂立江岸租約，並在漢口江邊建有輪船碼頭，自備拖輪、駁船和躉船。一九四一年初，偽漢口特別市政府以租約期滿，收回和記洋行特一區（原德租界）江岸租約。英

---

61 曾兆祥主編《湖北近代經濟貿易史料選輯（1840-1949）》第二輯，湖北省志貿易志編輯室編印，1984 年版，第 334-336 頁。

國駐漢總領事以「按照市政章程以及既成之慣例，敝行應被給予優先權重新訂立使用江岸之租約」為由，與偽市長張仁蠡多次交涉，要求續租。獲悉日方將把江岸作為軍用的意見後，張仁蠡就此回絕和記洋行續約的要求。英國領事與和記洋行故意拖延，並不撤走江岸設施。日方下達最後通牒，命令和記洋行在規定時間內撤除江岸設施，並聲稱其公然違抗行為是對日軍威信的挑釁。因為權益之爭，強勢的日軍最終剝奪了和記洋行已經營 30 餘年的江岸租約權，這對於和記在漢業務無疑是一個沉重打擊。

在限制歐美商人在漢經商活動中，偽湖北省市政府也積極落實日本主子的旨意。一九四一年七月，應國民政府的請求，英、美兩國宣佈凍結日本在英、美的資產。日本針鋒相對，凍結美、英兩國在日本的資產。偽湖北省市政府積極回應，採取相應措施。對於在漢英、美僑商交易，一九四一年七月二十九日，偽漢口特別市政府制定《外僑交易暫行取締辦法》，並公佈施行。取締的內容包括「關於不動產之權利；事業營業或對事業與營業之出資；價額二十元以上之有價證券；國外匯兌或國內匯兌；每月五百元（按每戶計算）以上之軍票及法幣（包括支票）；第五款以外之外國貨幣」。被列為取締對象的範圍為：（一）美國合眾國、美國合眾國領屬全部、菲列濱聯邦、加拿大、大不列顛及北部愛爾蘭聯合王國；（二）指定國之行政區域及准於行政區域者；（三）前項以外之指定國法人；（四）實質上准於前項之法人；（五）法人之支店及其他營業所之在指定國者；（六）有指

定國國籍之人及在指定國有住所或居所之人。[62] 八月偽湖北省政府規定「對於凡屬該府轄境區內關係英美僑商一切關易，非經該府許可者，絕對不准自由」[63]。

對於處理英、美等指定國人資產問題，九月偽漢口特別市政府規定必須申請許可：「根據貨物交易保證書，由指定國收受動產引渡時，中國方面銀行，由指定者收入其貸款，或存款之利息，或手續費、保管費、墊付費以及其他類似這等費款，而取得通貨時，或發還存款時；中國方面信託公司，由指定者收入其信託之。」[64] 對在漢英、美等資產凍結令下達後，漢口市場一片混亂，人們惶惶不安。華商存入英、美貨棧的貨物，被夜以繼日地搬出。英美頤中煙公司所產各牌香煙均告無市，棧房停止出貨，籌碼減少。在漢英、美等國經濟深受衝擊，英、美洋行經營叫請雪上加霜。

一九四一年十二月八日，太平洋戰爭一經打響，日軍即開始接管英、美等國在華的租界與權益。「在漢口地區，由一瀨信一少將任司令官的海軍漢口方面特別根據地隊，於八日捕獲了六艘二千五百噸以上的英、美船只，其他船三十多隻；接收了太古、怡和洋行的資產和棧橋，沒收了『亞細亞』和『標準』火油公司

---

62 《市府取締外僑交易法 指定適用範圍》，《大楚報》1941 年 8 月 2 日。

63 《市府取締外僑交易辦法 經市長指定者適用》，《大楚報》1941 年 8 月 1 日。

64 《處理指定國人資產 勿須呈請許可辦法 漢口特別市政府昨佈告周知》，《大楚報》1941 年 9 月 7 日。

・一九四二年英商和記洋行由日商三菱洋行委託經營。圖正中建築為漢口江漢路上的三菱洋行

的各種油料及大型儲油設備。英、美所屬在市內的其他單位，則由第十一軍指定的部隊接收。」[65] 漢口特三區（原英租界）亦被日軍接管。日軍挑起太平洋戰爭，擴大侵略戰爭範圍，更急需推行「以戰養戰」的方針，英、美洋行在漢資產首當其衝成為日軍的掠奪目標。日本憲兵隊出示佈告，將武漢英、美各大企業予以封鎖。法租界內慎昌洋行及培林蛋廠大門前則高懸日本國旗。日軍美其名曰「以道義精神，將英美在漢之一切權益加以保護」[66]，實則以赤裸裸的手段強佔，用以擴大殖民化掠奪和儲備戰略物資。日軍不僅將美、英等國洋行及其堆疊中的貨物宣佈為敵產，收歸己有，而且勒令英、美洋行交出所有帳冊報表，並將英、美在漢人員禁錮起來，集中押送上海。日海軍佔據德士古公司諶家磯油棧，拆卸棧內油池鋼板及其他鋼鐵器械，運往日本製造軍火；查封德士古洞庭街辦事處，沒收全部帳冊報表與資財。與此同時，日軍剝奪了在漢

65　王輔：《日軍侵華戰爭（1931-1945）》，遼寧人民出版社，1990 年版，第 1674 頁。

66　《武漢報》1942 年 2 月 11 日。

英美僑民的各種特權，針對其權益與財產，凡與軍事直接相關的，或與治安有影響的，均全部接收。

在日軍肆無忌憚的彈壓下，英、美洋行成為嗷嗷待宰的羔羊，其中不少洋行被迫改換門庭，淪為日本洋行的私產。一九四一年底，英商安利洋行漢行被日本海軍武官府接收，一九四二年二月又由日本三井洋行接管，銀行存款和帳冊均被凍結，工作人員遭解雇。英商和記洋行由日本三菱洋行委託經營，改名三菱和記公司。漢口亞細亞、德士古、美孚石油公司的設施被日軍接收後，交給日商丸善油槽株式會社和出光洋行經營。為壯大日商輪船公司的力量，日海軍接管英商太古、怡和洋行的全部船隻、碼頭、貨棧等後，將其轉交日本東亞海運株式會社經營。這些英國輪船被改頭換面，以日船的面目重現武漢江面。

日方接收英、美洋行的主要目的是徹底消滅英、美勢力，這一行動確實收到實效。由於日方的毀滅性打擊，英、美洋行賴以生存的物質基礎不復存在，最終走向湮滅。而獨家坐大的日本洋行則仰仗日軍政治與軍事實力，完全取代英、美洋行壟斷武漢外貿。但太平洋戰爭爆發後，武漢對外貿易停頓，「往日從事收購我土產如絲、茶、桐油、豬牛羊雜皮運銷美洲、南洋以換取外匯及軍需物資之敵商（即日商），至是因失掉市場停止營業」[67]，只能將貪婪的魔掌伸向武漢佔領區，大肆掠取武漢及周邊地區的

67　塗文學主編《淪陷時期武漢的經濟與市政》，武漢出版社，2005 年版，第 7-8 頁。

物資資源，協助日軍進行「經濟進攻」戰，以支援所謂的「大東亞戰爭」。

二、日軍對英、美工廠及設施的掠奪

　　「漢口雖為我國內地重要之商埠，其經濟動脈之責權，則恆操作於歐美商行之手」。[68] 歐美洋行經營的出口貿易，以採購原料、半成品為大宗。它們憑藉資本、運輸和技術優勢，利用武漢地區豐富的廉價勞力，開設各種加工廠，對農副產品及原料進行加工整理，包裝出口，同時就地生產輕工產品，直接面向本地市場傾銷，並獨佔某些行業的壟斷地位。如漢口英商和記洋行開辦的蛋廠是華中最大製蛋企業，英商隆茂洋行設有打包廠，德商美最時洋行興辦蛋廠、芝麻廠、牛羊皮廠、油廠、電廠等加工廠，英商安利洋行下設桐油廠、蛋製品廠，德商禮和洋行附設蛋廠、牛皮廠、芝麻廠、漆油廠等。除洋行開設的工廠外，還有為數眾多的外商直接在漢所興辦的工廠。這些歐美工業資本雄厚，又有政治、經濟特權，與民族工業相

・武漢淪陷後，武漢棉花市場為日本人所壟斷，英商隆茂洋行打包廠即為日方打包棉花。圖左建築為該打包廠

68　伍宗培：《漢口工業之展望》，《武漢報》1944 年 10 月 22 日。

比居絕對優勢，也超過在漢日資工業。外國資本創辦的工業企業，至抗日戰爭爆發前尚存九十七家，其中淨皮廠二十九家，腸衣廠十家，澄油廠二十七家，建築、機械業三家，其他二十八家[69]。日軍侵佔武漢後，雖未對英、美資本工業的產權予以侵犯，但是英、美企業所需工業原料、動力來源及產品銷售市場卻遭到日方挾制，經營環境的惡化使歐美洋行工廠經營慘澹。一九四〇年元月，漢口英商隆茂洋行德記帳房在致漢口管轄行函中即直言：「自本地淪陷後，華商打包棉花者已全行停頓，因之敝處打包事務亦逐漸減少，及至今日止，幾無生意之可言……敝處於無可奈何中，竭力設法招攬〔攬〕堆貨生意以增收益，迄今半年以來尚稱順手，月收傭金平均亦能超過千元，致結算獲有盈餘」[70]。

　　一九四〇年四月，由於日本與美、英長江貿易談判的中斷，加之日軍發現有部分工業品流入國統區，日軍開始對工業品流通實施「實需證明」制度。武漢地區於一九四〇年九月開始執行。實需證明對所有工業品的調撥均需使用地的日軍開出實需證明，武漢日軍特務部才許可調動物資。它與日軍經理部簽發的許可證一起，成為日軍對武漢地區物資流動實施管制的兩個重要支柱。因為「實需證明」制度的執行，加之運輸業被日方壟斷，工業品

69　武漢地方志編纂委員會主編《武漢市志・工業志》上卷，武漢大學出版社，1999 年版，第 22-23 頁。

70　塗文學主編《淪陷時期武漢的經濟與市政》，武漢出版社，2005 年版，第 308 頁。

難以外銷，歐美工廠更陷於絕境。同時，日本除以武力掠取大量民辦工廠外，又追加投資設立不少新廠，按行業組成壟斷性的「株式會社」。武漢日資工業力量由此迅速增長，超過英、美資本工業。工業力量對比的顯著變化，標誌著美、英與日本之間經濟競爭趨於白熱化。

由於牽涉利益之爭，在漢英、美工廠被日方視為眼中釘。一九三九年七月，日本軍醫檢查英商贊育汽水廠與中英合辦的和利汽水廠，「據檢查結果，該飲料水中竟確認有使用文明國所禁止之糖精，又防腐劑則用沙室硫酸，而起波藥則使用醋寧……因此市政府當局與日本領事館已嚴禁售賣該汽水廠之飲料水」。[71]「有毒飲料」的報導不免誇大其詞，因為含糖精、防腐劑等配料的汽水十分普遍，可稱之為低劣，卻難以等同有毒，但無疑給在漢英商的形象及工廠經營產生負面作用。

武漢淪陷後，社會局勢不穩，生活物資匱乏，物價指數飛漲，不僅市民生活壓力陡增，工廠企業也難以維持生存。英、美等外資企業深受其苦，甚至頻繁遭受工潮。自日方實行長江禁運後，英商太古輪船公司業務一落千丈。一九四〇年底，基於經營困難，太古公司裁減九十多名員工，引起與員工的勞資糾紛。最後勞資雙方互相讓步，事件才告一段落。一九四一年初，太古公司又因裁員引發工潮，工人要求公司收回成命，並以物價高漲為

71　《法租界阻害新秩序 製造有毒飲料 贊育和利兩廠嚴禁兌售》，《武漢報》1939 年 7 月 11 日。

由，要求增加工資。太古公司不予答覆，工人以怠工形式對公司施壓。漢口海員工會代表工人與太古公司交涉。至九月，太古公司作出讓步，補償被裁減工人四個月解散費、一個月全薪及一張船票，裁員事件終獲圓滿解決。

一九四一年八月，英商電燈公司工人不滿工資過低及廠方壓迫，差點釀成罷工風潮。之後經調解，一場風波始告平息。英美頤中煙公司是一個老牌煙廠，有男女工人一千餘人。一九四一年十月，由於物價高昂，而所發工資均是法幣，法幣價值暴跌，與現行物價差距較大，該廠工人要求加薪，並取消克扣米貼，進而引發罷工風潮。廠方立即與工人代表談判，接受工人所提條件。外資工廠接二連三的勞資糾紛、怠工罷工與當時惡劣的社會環境有關。正是日軍攻佔武漢後，局勢不穩導致物價上漲，工人要求增薪不為廠方所接受而發動工潮。身陷不斷惡化的經營環境與社會環境之中，英、美企業不僅要面對日方對生產原料、電力供應及產品銷售等方面的控制與壟斷，還要面對層出不窮的勞資糾紛、罷工風潮對生產經營所帶來的不利影響，生存處境堪稱難上加難。

如果說侵華戰爭初期，日方因顧及英、美勢力，不願與之撕破臉皮，而為在華英、美工廠尚留一線生機的話，那麼太平洋戰爭兵戎相見後，與英、美徹底決裂的日本則以消滅英、美勢力為目標，開始著手接管英、美在華的各項權益，英、美工廠已毫無生存機會可言。日軍進佔漢口租界，「將英、美等敵國人敵國系

法人在我國（即中國）之財產，加以封鎖，從事處理」[72]，不僅接管所有英、美「敵性工廠」，又對主要工業品及工業原料進行公開掠奪。武漢外資工業中原以英、美等國實力見長，日方吞併英、美工廠，在以武力攫占大量華資工廠外，又追加投資新建不少新廠，按行業組成壟斷性的株式會社。隨著對外戰爭的擴大化，以及英、美方面斷絕對日供應物資，日軍認為當務之急是加強生產力，應將英、美等敵對國家遺留在武漢的工廠加以有效運用，以達到支持「大東亞戰爭」的目的。因而對置於軍管理之下的歐美工廠，依其軍事上或物資上的需求，往往採取委託經營的方式，繼續開工生產，實際上已一手掌控武漢經濟的主導權。

　　綜合而言，武漢淪陷後，在日偽政權的經濟統制政策及國際政局演變影響下，原在武漢某些行業居於壟斷地位的歐美企業失去龍頭角色，呈現一片頹勢，最終被日軍接管或沒收，以退出武漢市場而收場。而日資企業則一家獨大，在武漢殖民經濟體系中佔有絕對的壟斷地位，並獲取了豐厚的利潤。

　　在電力工業方面，漢口租界的電力工業始於一九〇六年，由英商集資創辦漢口電燈公司（又稱英商電廠），供給漢口英、俄、法租界用電。一九〇七年，德商美最時洋行在德租界開設美最時電燈公司，供應德租界街燈及私人用電。一九一三年，日商大石洋行在日租界開辦大正電廠，向租界地區供電。武漢淪陷

72　《漢廈粵地產 461 件友邦昨交還國府管理》，《大楚報》1943 年 6 月
　　30 日。

後，美最時電廠由日本華中水電株式會社管理。一九四〇年美最時洋行將兩部柴油機售予日本人使用，電廠停辦。當時「本市電氣供給，除特區（原租界）仍由英商漢口電燈公司供給外，其餘均取給於華中水電公司，但以燃料及路線上之關係，未能普遍供給。且因發電成本高昂，漢口電燈公司每度售價已增至日金四角一分，華中水電公司每度售價二角七分五釐」[73]。太平洋戰爭爆發後，日本趁機攫取英美在華利益。一九四二年一月，華中水電株式會社強佔漢口電燈公司，將其改稱華中水電株式會社漢口辦事處特區營業所。漢口電燈公司在租界內經營三十五年，是租界記憶體在時間最長、規模最大的電力公司，自此退出武漢歷史舞臺。

武漢淪陷前，武漢蛋品加工業由英商和記、培林、安利英，德商禮和、美最時、嘉利、比商瑞興7家洋行蛋廠控制，日商無法染指。一九三九年九月，日本三井物產、三菱商事、大倉商事、山石井商店、安宅商事、吉田洋行、瀛華洋行和日本水產8家公司組成武漢輸出業聯合會蛋及蛋製品公會，規定公會以外的人不能從事蛋品輸出貿易，控制武漢蛋品加工和貿易，實際僅有三井、三菱、瀛華洋行及其蛋廠經營。一九四〇年三菱洋行出資一百五十萬元在漢口礄口成立三菱蛋廠，三井洋行投資兩百萬元在特三區（原英租界）開辦嘉利蛋廠，又成立日華蛋廠，產品銷

73　漢口特別市政府秘書處編《漢口特別市政府二周年市政概況・公用》，1941年版，第7頁。

往日本、歐美。太平洋戰爭爆發後，漢口和記蛋廠和安利英洋行蛋廠被日本海軍接管，委託三菱洋行代為經營，利用原有廠房設備繼續生產。其中和記蛋廠把收來的鮮蛋一半送日軍軍部供應，一半加工製造乾全蛋片，以供海軍需要。同時還替軍部加工乾菜、凍牛、羊肉等，供應軍需。其他洋行蛋廠均停業。據一九四七年六月三十日《建國晚報》報導：「淪陷的數年中，漢口七家蛋廠除德商禮和行與英商安利英行存尚殘餘部分外，餘均化為烏有。各廠所遺下的工人共約萬人，刻均在失業中。目今蛋商業之工友不過五六百人，他們製蛋技術與蛋廠不同，差不多都兼作皮蛋、鹽蛋，可謂是一種專門職業，故還不曾受到失業的威脅。但以各蛋廠之利潤菲薄，每工友薪津，月入僅十餘元左右，生活的艱辛，不言而喻」。[74]

武漢煙草工業歷來為資力雄厚的英美煙公司及民族南洋公司所壟斷，其中英美煙公司是一個國際煙草托拉斯，日商制煙公司難以與之抗衡。一九三四年九月，英美煙公司漢口分公司改名頤中煙草公司漢口分公司。一九三八年十月，日軍侵佔武漢後，頤中煙草公司漢口六合路煙廠和礄口煙廠同時停工，其中六合路煙廠於十一月中旬部分復工。由於受戰爭影響，復工後的六合路煙廠僅有三百餘名工人，其後雖增加到七百人，但生產水準已大幅下降。一九三九至一九四一年，六合路煙廠年產量分別僅有

---

74 《漢口租界志》編纂委員會編《漢口租界志》，武漢出版社，2003 年版，第 152 頁。

16262、37131、35500 箱，遠低於一九三六至一九三八年的年產量 84025、115221、91528 箱。[75] 一九四〇年二月，為了獨霸武漢捲煙市場，「駐漢敵商（即日商）華生煙草公司，現將敵貨『將軍牌』香煙，改裝為英美煙草公司之 『使館牌』式樣，煙帶金色，蓋凸印顏色較淡，現已由滬運漢五百餘箱，將由吉田洋行負責秘密運赴沙宜等地銷售」[76]，以此詆毀頤中煙草公司聲譽，顯示出日本與英美為爭奪武漢捲煙市場壟斷權的鬥爭更趨激化。太平洋戰爭爆發後，政治形勢發生巨大變化，六合路煙廠脫離英、美勢力控制，被日軍強行佔據，交日商丸三煙草公司軍管理委託經營。因礄口區一帶被劃為日軍軍事區域，礄口煙廠一直未再復工，其所有機器設備於一九四二年被日軍遷入六合路煙廠，仍出產原頤中煙草公司捲煙品牌，如「紫金山」「船牌」「紅錫包」等品種。日商煙廠在攫占南洋漢口煙廠及頤中制煙廠之後，成為武漢捲煙工業的主宰者。一九四四年十二月，六合路煙廠被盟軍飛機炸毀，日商從廢墟中收集被炸機件，拼湊成五臺捲煙機，搬到大智路頤中煙葉廠繼續小規模生產，直至一九四五年日軍投降為止。

一九四三年一月，汪偽南京政府對英、美宣戰，正式加入反

75　湖北省煙草志編纂委員會編《湖北煙草志》（上），崇文書局，2006 年版，第 389 頁。

76　秦孝儀主編《中華民國重要史料初編——對日抗戰時期》第六編《傀儡組織（四）》，中國國民黨中央委員會黨史委員會編印，1981 年版，第 1148 頁。

英、美的陣營。日本為了拉攏偽政府，打著「尊重中國主權與領土」的幌子，聲明交還租界，廢除治外法權。並於一九四三年二月，將接管與沒收的華中、華北各地的英、美資產一千餘件先行移交汪偽政府管理。六月，又再次移交漢口、廈門、廣東地區的英、美資產四百六十一件，其中「移交漢口之英、美敵產總數共一百二十一件，其中有倉庫、機械工廠、發電所、文化設施、教會學校、醫院等，主要者如次：安利大廈、亞細亞煤油公司、景明大樓、信義公所、和記工廠、漢口電燈公司、讚譽汽水工廠……平和洋行、隆茂洋行、華中大學、普愛醫院等」[77]。作為籠絡汪偽政府的籌碼，英、美資產被日方慷慨地轉手贈予，不外乎是希望這個傀儡政府積極支持「大東亞戰爭」。

在戰時殖民經濟管理體制下，日方具有絕對的主導地位，汪偽政府則扮演著一個從屬的角色，仰人鼻息，秉承日本主子的旨意，鞍前馬後為其服務。因此，對於日方奉送的大禮，汪偽政府當即表示要對這些英、美的重要企業及文化設施「妥為處理，善加營運，以冀有助於我國工業之振興，教育文化之發達，進而積極協力，完遂大東亞戰爭也」[78]。偽漢口特別市政府更是積極表態，聲稱「漢口市亦因友邦之協力援助，已成為無租界之明良地區，作為大東亞戰爭完遂之最前衛及後方兵站基地，開始活潑之

77　《本市交還各件計電燈公司和隆茂等》，《大楚報》1943 年 6 月 30 日。
78　《漢廈粵地產 461 件友邦昨交還國府管理》，《大楚報》1943 年 6 月 30 日。

建設運動。由於此次英、美敵產已移交，經濟文化方面已毫無作為英、美侵略榨取道具之痕跡，使新中國建設更生，此對於新武漢之建設影響極大」[79]。由此可見，英美洋行、工廠無論是落入日軍之手，還是歸於汪偽政府，都不過是被他們所利用與驅使，為「大東亞戰爭」服務的工具罷了，這也正是武漢殖民經濟的本質所在。

第四節 ▶ 工業「復興」建設及其實質

　　武漢淪陷後，殘餘的工業被日本掠奪，使武漢地區工業呈現出強烈的殖民化色彩。在服從侵華戰爭的叫囂下，日軍迫切需要武漢殖民工業為不斷擴人的侵略戰爭服務，使之成為支撐戰爭機器的物資基礎，以戰養戰。因而，日軍進佔武漢後，即「積極圖謀工商業之恢復，以遂其『以戰養戰』之企圖。在工業方面，敵利用武漢各工廠未拆遷之機器加以整理復業者，有華中電氣股份有限公司管理下之水電廠、電話局、電報局、日華紡織株式會社、日華製油廠、紅磚廠、金龍面粉公司、華中煙草株式會社及各種小型製造修理工廠」。[80]

79　《本市交還各件計電燈公司和隆茂等》，《大楚報》1943 年 6 月 30 日。
80　塗文學主編《淪陷時期武漢的經濟與市政》，武漢出版社，2005 年版，第 6-7 頁。

一、日偽工業「復興」建設

日方佔領武漢後，即「確立了武漢地區建設新秩序的發展方向，與此同時，工業部門也廢除舊企業，創立新企業，走上了復興建設的道路」[81]。機械工業方面，一九三八年十二月以創辦東亞海運漢口鐵工所為開端，日方陸續興建了岩崎鐵工所、東亞鐵工所、永記鐵工所等機械工廠，從事機械零部件、發動機、船舶機械、農具等修理。為了更大限度掠奪佔領區資源，日軍加緊對武漢地區的資源開發。如日軍取得漢冶萍公司經營權後，即對大冶鐵礦設備進行改造，擴大開採能力。「一九三九年初，漢口方面之『復興工作』，現正銳意進行，以大冶鐵礦始；凡長江沿岸一帶與日本資本有關之各種礦山，亦皆在『復興』之中。」[82]

在日方「復興」建設的主導下，汪偽省市政府也亦步亦趨，緊隨主子的步伐。為急於「振興」工商業，偽湖北省建設廳可謂絞盡腦汁，鑑於「舉凡手工機械各業之停頓者，應如何鼓勵恢復之；金融公司各企業籌複者，應如何促進保護之，緩急制宜，因時釋要。或由官商合辦，或自省縣分營，經緯既屬多端，情形不無複雜。若不調查翔實，並顧兼籌，則著手無從，收效匪易」[83]，特制定數種工商調查表格，於一九四〇年四月通令各

81 塗文學主編《淪陷時期武漢的經濟與市政》，武漢出版社，2005 年版，第 323 頁。

82 陳真、姚洛、逢先知編《中國近代工業史資料》第二輯，三聯書店，1958 年版，第 412 頁。

83 《省建廳籌畫恢復工商各業》，《武漢報》1940 年 4 月 4 日。

縣、各維持會在一個月內如實填報，以作為恢復工商各業的依據。同時，雖然處於日軍統治之下，但戰時未逃走的武漢中小工商業者依然要求生存，加之本身實力有限，經受不住長期停業所帶來的損失，更加渴望時局穩定下來，儘早恢復生產和營業。隨著偽武漢特別市政府的成立，社會暫時趨於穩定，不少在漢工商業者重操舊業，甚至淪陷前逃離避難的商人也開始返漢復業。

日軍為了利用華商資本為其服務，還以發還「軍管理」工廠為誘餌，加以籠絡，誘使他們致力於淪陷區經濟的恢復與發展。一九四〇年十一月，汪偽政府與日本簽訂《日本國與中華民國間關於基本關係的條約》，其附屬議定書規定「現在由日本國軍管的公營私營工廠、礦山及商店，除敵資產業及軍事上需要等不得已的特殊情況者外，應依合理的方法，迅速謀求必要的措施，移交中華民國方面管理之」。[84] 因為涉及利益關係，日本將工礦企業移交中方管理實屬一出騙人鬧劇，尤其是「發還」華人工廠停滯不前。據一九四一年漢口特別市工廠總狀況調查表，漢口各類工廠共計四百零八家。

84　復旦大學歷史系編譯《日本帝國主義對外侵略史料選編（1931-1945）》，上海人民出版社，1983 年版，第 320 頁。

表 8-4 漢口特別市工廠總狀況調查表

業別	廠數	資本（元）	工人數（人）	年產值（元）
總計				
漢口	408	39327 548	21283	157561 024
水電	6	3360 000	1129	15230 758
冶煉	8	1506 288	460	1059 960
金屬品	3	7500	22	20600
機器	57	207350	906	684490
電器	7	27000	117	219200
木材	6	77000	50	161960
土石品	16	651600	539	255100
化學	48	1622 010	1739	2699 888
飲食品	162	5402 600	4501	19823 088
煙草	3	11950 000	3481	102486 000
紡織	29	7096 700	4630	13454 000
服飾品	9	355100	303	157300
交通工具	7	2500	1364	13000
文化	37	1530 350	1320	1140 980
其他	10	31550	614	155200

注：轉引自漢口特別市政府秘書處編《漢口特別市政府二周年市政概況・社會》，1941 年版，第 19 頁。

當時華人工商業者多被日軍集中安置於難民區，即漢口民族路、三民路及中山大道以南的漢水沿岸一帶的舊城區。這裡一向為手工業很繁榮的地區，淪陷後雖呈現一些復興的跡象，但遠未

恢復如昔。與小資本工業相比,抗戰爆發造成武漢大工廠的破壞及向內地的轉移。武漢淪陷後,日方雖然致力於大資本的工業逐漸恢復至抗戰前的水準,但武漢工業基礎的徹底破壞使這一目標在短期內難以實現。大資本工業不能急速樹立,太平洋戰爭開始以來,由於交通運輸線時時受到盟軍的威脅,從日本及上海輸入武漢工業製品變得日益困難,又不能依靠武漢當地辦理和解決。在這一背景下,為了儘快開發佔領區資源,解決物資極度匱乏的困難,確保需求量劇增的軍需品的供給,日本軍部開始允許符合要求的民辦小工廠恢復經營,但規定必須為日軍軍需服務。此後,難民區小資本工業及各業工會在日方「鼓勵」下有所恢復和發展。

據日方統計,「自本府成立以來,努力復興,大部恢復。工人團體,三十二年一月,正式成立總工會,有各業工會四十個,會員一萬六千七百九十七人。」[85] 一九四二年「難民區的工業在武漢全市的工業中所占的比重工廠數為 23%,而資金數額占 14%,產值僅占 2%,職工數則為 7%」[86] 這些數字如實反映了難民區內工廠規模小、生產能力低下的特點。一九四二年漢口難民區內工廠統計如表所示:

---

85 漢口特別市政府秘書處編《漢口特別市政府四周年市政概況・社會》,1943 年 4 月版,第 29 頁。

86 塗文學主編《淪陷時期武漢的社會與文化》,武漢出版社,2005 年版,第 243 頁。

表 8-5 難民區內工廠一覽表

行業	種別	工廠數	資本額（元）	生產額（元）	動力			工人				
					蒸氣	發動機	電氣	合計	學徒	男工	女工	童工
水電		1	375000	8755 900	6			414	18	396		
冶煉	鑄物	1	500	3500			1	14	10	4		
鐵工場		14	119000	37420			14	115	67	48		
土石品		6	47000	126200			4	331	33	263	15	20
	消子	3	35000	81200			2	163	33	95	15	20
	石膏	1	4000					34		34		
	度量衡器	2	8000	45000			2	133		134		
化學		28	165900	844100			28	646	131	389	123	3
	染色	7	39900	434000			8	216	88	228		
	電鍍	4	8600	6400			4	35	18	17		
	打磨	4	1400	12300			4	29	13	16		
	塗料	4	9000	66400			5	55		55		
	石鹼	6	89000	215000			4	201	8	153	40	
	藥	3	18000	110000			3	110	4	20	83	3
飲食品	米廠	40	270900	3286 339	1	3	39	450	82	363	5	
紡織		19	1108 700	668000			9	1196	43	798	336	19
	織布	16	1095 700	478000			8	1102	39	748	296	19
	紗	3	13000	190000			1	94	4	50	40	
服飾品		5	36000	375000			6	161	10	138	13	
	靴子	2	6000	10000			1	48	5	30	13	
	扣子	2	20000	315000			2	91		91		
	帽子	1	10000	50000			3	22	5	17		
文化	印刷	3	7500	22500			4	31	13	18		

行業	種別	工廠數	資本額（元）	生產額（元）	動力			工人				
					蒸氣	發動機	電氣	合計	學徒	男工	女工	童工
其他	粉袋	2	35000	107200			2	341	24	49	268	
合計		119	5540 500	14226 159	7	3	107	3699	431	2466	760	42

注：轉引自漢口商工會議所編《漢口難民區事情》，1942年12月版，第36-37頁。

為了建立新的殖民經濟體系，恢復武漢地區工業經濟運轉，日偽多管齊下，煞費苦心。在商業方面，淪陷之初武漢地區商人大都逃走。之後日偽採取了諸如恢復商會與錢莊等活動，使武漢商業開始恢複，「新開之百貨商店如雨後春筍，迭有增

· 為了有效控制城市，日軍在漢口劃分了日華區、商業區等，並公示於眾

加」。商業的繁榮本應是日偽求之不得之事，但他們認為「值此參戰時期，商民應從事於生產之增加，而不應有趨向奢侈徒使消耗品充斥社會之舉」。[87] 為了讓商家轉向生產，日偽於一九四四年四月開始停發武漢百貨商店營業許可證。桐油一向是武漢對外

87 《百貨商店營業證即日起停發》，《武漢報》1944年4月20日。

貿易的大宗商品，外銷對象主要為美國。偽漢口特別市政府為振興經濟，曾於一九四二年發佈訓令，「提倡桐油以利生產」。但由於太平洋戰爭爆發導致對外貿易斷絕，武漢桐油外銷基本中斷。偽漢口市政府增產委員會、市商會等也積極配合，組織「鐵類收集委員會」，舉辦獻納金屬活動，以應軍需。日軍航空用油缺乏，急需大量蓖麻。一九四四年春，偽市增產委員會為「協力」戰時經濟體制，積極推進增產運動，在武漢周邊農村開展播種蓖麻工作，並對播種蓖麻成績突出者獎勵鹽券。偽市政府所開展的經濟活動，其目的顯然不是為了發展社會經濟，而是為了滿足日軍對戰略資源的需求。

在這場工業「復興」運動中，偽漢口日本工商會議所調查部為了確立武漢殖民經濟發展的方向，通過「日華經濟提攜」來打造「工業漢口」，使之成為「大東亞共榮圈」不可缺少的一環，開始對武漢地區工業地帶、工廠建設、工業生產、工業資本、企業形態等進行廣泛而深入的調查，並就如何解決工業原料、工業動力、商品運輸、勞動力不足等問題展開研究，提出對策。在此基礎上，於一九四三年編輯出版《武漢地區工業調查報告書》十卷本，細分為機械工業、製茶工業、華人紡織工業、礦業等行業。其中《武漢地區工業調查報告書第二號（機械工業）》對華資與日資機械工廠的建設及「復興」狀況統計如下：

表 8-6 漢口：〔貨幣單位：元（舊法幣）〕

成立年月	機器工廠名	資本金	製品名	成立年月	機器工廠名	資本金	製品名
1939 年 1-6 月	魏源順	500	各種機械修理	1939 年 7-12 月	義興記	400	各種機械修理
	蕭復興	400	織布機修理		福源	1000	軋花機修理
	義發昌	400	各種機械修理		程芳記	500	軋花機修理
	高洪發	500	各種機械修理		方藝昌	500	各種機械修理
	義同昌	1000	軋花機修理		劉泰昌	200	各種機械修理
	複華	500	各種機械修理		彭萬泰	400	軋花皮棍製作
	劉義興	200	修配洋鎖		張順興	500	水管修理
	魏雲記	1500	瓦斯發生爐		漢森	2000	修配洋鎖
	張興發	500	各米廠制米機修理		恆豐	2000	各種機械修理
	合計 9	5500			合計 9	7500	
1940 年 1-6 月	潤新	400	織布機修理	1940 年 7-12 月	劉永盛	300	各種機械修理
	義生	300	各種機械修理		盈益	1000	各種機械修理
	成昌	500	各種機械修理		楊德昌	500	各種襪機修理
	協昌	400	各種機械修理		生利	1000	各種襪機修理
	義興記	400	軋花機修理		宋正發	400	各種襪機修理
	陳源發	100	各種襪機修理		成昌	500	各種襪機修理
	阮興發	400	軋花機修理		正記	1000	軋花機修理
	閔燮記	1000	縫衣機修理		胡義興	500	盒子製作
	合計 8	3500			大隆	1200	自行車修理
1941 年 1-6 月	周鑑記	500	織布機修理	1940 年 7-12 月	發昌	6000	各種機械修理
	洪興	1000	各種機械修理		合計 10	12400	
	周永順	500	各種機械修理	1941 年 7-12 月	義順恆	2000	各種機械修理
	黃友記	400	各種機械修理		餘聯記	200	各種機械修理

成立年月	機器工廠名	資本金	製品名	成立年月	機器工廠名	資本金	製品名
1941年 1-6月	陳恆昌	1000	各種機械修理	1941年 7-12月	周恆順	1000	各種機械修理
	彭祥泰	1000	各種機械修理		順興祥	1000	各種襪機修理
	尤順興	1000	自動車修理		老榮泰	2000	各種機械修理
	肇昌	1500	各種機械修理		鵬記	200	各種襪機修理
	梅興昌	300	軋花車修理		羅耀記	1000	各種襪機修理
	和興	500	軋花車修理		永隆	1500	各種機械修理
	健華	1000	各種機械修理		餘勝興	400	各種機械修理
	孫鈺記	1000	縫衣機修理		維生	500	各種機械修理
	裕德	1000	各種機械修理		合興祥	200	軋花車修理
	馮添興	200	火爐修理		鄧洪順	800	軋花車修理
	李祥記	200	修配洋鎖		興昌	100	各種襪機修理
	天孫	10000	各種襪機修理		乾元	4000	火爐製作
	永興	400	各種機械修理		李興記	200	各種機械木形制作
	合計 17	21500			順昌	1000	各種機械修理
1942年 1-6月	李萬發	500	人力車零部件修理		合計 16	16100	
	張合利	300	各種機械修理	1942年 7-12月	同益	1000	各種機械修理
	德昌	500	各種機械修理		協藝	1000	各種機械修理
	正大利	500	各種機械修理		萬利	600	各種襪機修理
	永興	1000	各種襪機修理		周源泰	2000	各種機械修理
	田茅生	500	各種機械修理		合計 4	4600	
	魏久記	600	各種機械修理				
	宋洪發	1000	各種機械修理				
	喬興發	1000	各種機械修理				

成立年月	機器工廠名	資本金	製品名	成立年月	機器工廠名	資本金	製品名
1942 年 1-6 月	森記	300	各種襪機修理				
	協昌	1200	各種襪機修理				
	榮昌	2000	各種襪機修理				
	永泰和	5000	各種機械修理				
	合計 13	14400					

表 8-7 漢陽

成立年月	機器工廠	資本金	製品名
1940 年 7-12 月	順德	3000	新式彈花機製作
	新華	3000	新式彈花機製作
	合計 2	6000	

表 8-8 日本人：〔貨幣單位：日元〕

成立年月	機器工廠	資本金	製品名
1938 年 6-12 月	東亞海運漢口鐵工部	250000	船舶機械、發動機等修理
1939 年 1-6 月	岩崎鐵工所	150000	機械零部件修理
1939 年 7-12 月	無		
1940 年 1-6 月	東亞鐵工所	50000	動力機、農具修理
1940 年 7-12 月	無		
1941 年 1-6 月	永記鐵工所	10000	各種機械零部件
1941 年 7-12 月	武漢鐵工所	1000 000	量水器、瓦斯發生爐
	金國動力		各種機械零部件
1942 年 1-6 月	無		
1942 年 7-12 月	禦獄鐵工所	10000	機械零部件修理
	中江動力	32000	各種農具

注：轉引自塗文學主編《淪陷時期武漢的經濟與市政》，武漢出版社，2005年版，第 323-325 頁。

如上表所示，一九三九年華商在漢口創辦了 18 家機器工廠，一九四〇年 18 家，一九四一年 34 家，一九四二年 17 家，合計 87 家。在資本金方面，總計舊法幣 84900 元。其中一九四〇年華商在漢陽創立的兩家順德與新華機器工廠，資本金分別為舊法幣 3000 元，製作新式彈花機。日方經營的機械工廠有 8 家。「在資本額方面，中方企業總計是 85400 元，日方總計為 1 502000 日元。這一復興狀況和剛發生事變時的 138 家工廠比起來達到了 69% 的復興率」[88]。新興的華資機械廠雖然數目較多，但苦於經營資本缺乏，普遍規模不大，缺少先進設備，基本限於各類機械修理與零部件製造，生產能力及技術低下，多從事手工、半手工操作，尚未擺脫小型手工業工廠性質，與之前的華資代表性工廠如揚子機器廠、周恆順機器廠相去甚遠。而由日方控制和經營的工業企業，無論是在規模還是資本上，均遠勝華資工廠。

雖說淪陷時期武漢殖民經濟體系主要還是以日資企業為中心，但事實上這些日資企業只是日軍龐大戰爭機器的一個零件，受日軍驅使而動，自身並無獨立的經營權，其生產運營與日軍侵華戰爭息息相關，不僅在日軍悉心培植下呈現畸形發展的態勢，

---

88 塗文學主編《淪陷時期武漢的經濟與市政》，武漢出版社，2005 年版，第 327 頁。

而且具有極明顯的掠奪資源「以戰養戰」的特徵。如日信洋行雖然控制日商泰安紗廠與華商武昌第一紗廠，但經營活動完全由日軍的軍需決定，產品全部供給日軍，不能自行支配。日東製粉株式會社吞併華商金龍麵粉廠，加工軍糧。為滿足日益增長的軍事需要，日軍又將搶來的華商福新麵粉廠機器設備運入該廠，擴展麵粉生產能力。日軍強佔華商南洋煙廠、謙順油廠、祥泰肥皂廠、楚勝火柴廠等廠房及機器，在武漢開辦二十多家輕工業企業，生產捲煙、肥皂、紙張、火柴等日用品，以供軍需。其他諸如日華紡織株式會社、日本水產漢口冷凍工廠、日本第一工業製藥株式會社、品川白煉瓦株式會社等，更把觸角伸入武漢經濟的多個領域，插手並控制各項實業，其經營活動及生產的產品都是為了滿足日軍不斷膨脹的軍事野心。

二、「以戰養戰」的工業「復興」

日方叫囂所謂的工業「復興」，與掠奪中國資源、實現「以戰養戰」的指導思想密不可分，其主旨就是要建立為日方服務的殖民經濟體系。日方明言，「當此決戰階段，努力增加生產之際，工業的振興為目前之要務……吾人今既須努力增加生產，鞏固經濟基礎，發揮戰爭力量，而工業為經濟與戰爭有關重要部門，振興工業為今後推行政策要途。此無論其在戰時或平時，工業的盛衰，非但關係我國強弱，而與東亞興亡皆有切膚關係，試觀今日世界強盛國家，無一非為工業發達國家，其對於我國及東

亞前途至深且巨」。[89] 因而，日方對「復興」工廠可謂不遺餘力，造成武漢工業「繁榮一時」的景象。

但如果深入透視這場武漢工業「復興」，可發現其「繁榮一時」只是假像，至少是以控制民辦工廠及迫使其為侵華戰爭服務為手段的虛假「復興」。日本既要充分利用武漢淪陷區的經濟力，又要嚴密掌控武漢的經濟命脈，因而表面上雖允許部分民辦工廠復工，但並不想放任民辦工廠的發展與壯大，而是對各種機械、礦油類、木材、金屬、糧食等利「敵」物資嚴禁搬運，通過嚴密統制原料來源、銷售市場及電力供應等，進而掌控復工的民辦企業。由於日軍對糧食實施統購，禁止小麥麵粉等物資出入武漢，導致華商麵粉廠小麥來源極度枯竭，只能到武漢郊區採購，或從外地通過日軍重重封鎖偷運少量原料。日軍為了徹底割斷武漢和國統區及抗日根據地的經濟聯繫，強制施行一系列限制和控制麵粉市場的法令，使麵粉廠銷售市場僅限於武漢地區，並且要受日軍嚴格檢查。凡此種種，對武漢華商麵粉廠、米廠打擊極大，使其難以得到較大發展。武漢淪陷前，漢口、漢陽、武昌的華商機制米廠分別是一百三十二戶、十一戶、三十六戶，一九四三年復業的華商米廠分別為一百戶、五戶、十三戶，尚未恢復之前水準。

再以漢口難民區工業為例，一九四二年該區工業產值僅占全市工業百分之二，之所以生產規模及能力低下，事出有因。其

· 在日軍統治下，武漢工商業凋敝，經濟一片衰敗。圖為淪陷之初，漢口大智門火車站前商鋪關門停業

一，市場銷路縮小。難民區工業產品一般銷往武漢周邊，但淪陷區人民生活困苦，法幣貶值，購買力弱，加之日軍在武漢地區限制物資流通，工業品銷路更加不暢。其二，原料供應匱乏。日軍對武漢的經濟統制與物資統制，使生產資料短缺。尤其是對外貿易的衰敗使依賴進口的工業原料供應不足，嚴重影響中小工廠的生產活動。太平洋戰爭後，工業原料多用於軍事之需，使華商工廠生產更是因缺之原材料而舉步維艱。其三，生活費用高漲。因為經濟不景氣，失業者人數龐大，華商為降低工資成本，用管飯的方式雇用工人，糧價上漲導致生活費用高漲，經營支出增加。其四，流動資金短缺。多數華商小工業者經濟實力有限，缺乏流動資金，造成經營的困難。其五，燃料電力不足。燃煤及電力為工業生產的原動力，由於煤炭奇缺，價格昂貴，日方限制民用工業用電，「以電力為動力的工廠只有碾米業和日商二三家，事變前有些經營者利用電力的，現在由於節省動力也不使用電力了」。[90] 一九三八年張華楷在漢口牛

---

90 塗文學主編《淪陷時期武漢的社會與文化》，武漢出版社，2005 年版，第 243 頁。

皮巷開辦光華線廠，最初產品銷路較好，每月有近千元盈利。至一九三九年以後，棉紗、染料均由日偽控制供應，加上當時實行燈火管制，電力供應不足，影響工廠生產。資方為支撐局面，采取偷工減料辦法，導致信譽大減，於一九三九年底宣告倒閉。淪陷期間，還有華德、新華、振新、寶華等幾家線廠先後開業，但因日偽政府實行棉紗配給制，最終難逃破產停業的命運。

在戰時殖民經濟體制下，難民區華人小工業者的經營困境，是淪陷期武漢地區華資企業所面臨的普遍性難題，進而導致華資工商業發展程度很低。少數華商機器廠為求生存，只好與日商合作經營，如阮恆昌機器廠易名為「岩尾洋行」，為日軍修理軍車，生產自來水管及工具。除極少數華商米廠自營外，多數米廠被迫為日軍加工軍糧，按分配數量和交糙標準保證按時交米，一切要按日軍規定辦事。

日軍進佔武漢後，在經濟上巧取豪奪，武漢工商業者蒙受慘重損失，工商業組織隨之破壞。為了恢復對社會經濟的控制，強

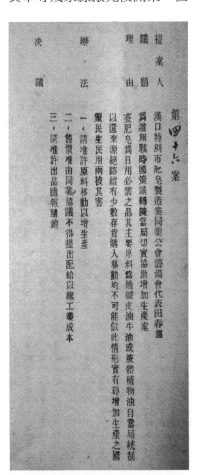

· 一九四三年漢口肥皂製造業同業公會提交的提案

化經濟統制活動，日偽對原有工商業組織及各業公會整頓與改組，並安插進日本人充當顧問，予以監督與控制。作為經濟活動的主體，工商業者無一例外要加入所屬同業公會，以借助公會的力量維護自身利益。據史料記載，至一九四三年底，武漢地區已成立的同業公會有八十九個，正在籌組的有十九個，提出申請尚未核准的有七個，登記會員達七千四百三十一戶。當時漢口特別市商會召開的各次會員大會上，會員所提出的各項改善經濟的提案中，以要求改善物資統制、增加物資配給等居多。譬如麵粉同業公會會員代表陳堯軒提出「本市新興小型工廠在當局盡力扶助之下，直如雨後春筍漸趨發展，惟購運所需機件用品以及製造原料間有未盡圓滑之處」，「各種工廠所須機件用品以及製造原料購運困難，影響生產，請求當局從速設法扶助，俾利工業發展案」[91]。

肥皂製造業同業公會代表田春霆則指出：「肥皂為日用必需之品，其主要原料為燒鹼、皮油、牛油或液體、植物油。自當局統制以還，來源絕跡，縱有少數存貨，購入、移動均不可能。似此情形實有礙增加生產之國策，民生、民用兩被其害」，提出「一、請准許原料移動，以增生產；二、售價准由同業協議，不得提出配給，以維工業成本；三、請准許出品隨報隨銷」三種解

91　漢口特別市商會編《漢口特別市商會第四次會員大會提案》第九案，1943年版。

決辦法。[92] 這類提案的背後，折射出日軍統治之下的華商企業處
於生存困難、難以為繼的境地。

在日偽經濟統制之下，「復工」的華資工廠還要飽受其野蠻
掠奪與敲詐勒索。一九四三年漢口染織紗布業同業公會就以「布
廠製造貨物，先將棉紗化整為零，旋複變零為整，其間過度手續
萬難一致。突然查核實在窮於應付，間有將原料取去處罰款項，
未免屈抑難堪」為由，提起「工廠消費生產手續較他業特別繁
難，請求經警局免予調查，以示體恤案」[93]。一九四三年「全國
商業統制總會湘鄂贛分會策動獻金委員會」規定武漢各業商人須
將一部分利潤提充「國防」獻金。同業公會理事長每人獻金十萬
元，同業會員甲等與乙等一級者每戶獻一千元，乙等以下和丙等
一級者每戶獻八百元，丙等二級以下每戶六百元。經濟員警處等
經濟警察在漢口難民區每日巡視，動輒加以「哄抬物價」「以貨
資敵」「囤積居奇」等罪名，輕則處以罰款，重則獲罪入獄。如
此「師出有名」的攤派及強取惡要之事時有發生，工商業者的資
產無故被收更是不勝枚舉，不僅為工商業者套上沉重的經濟枷
鎖，更窒息了武漢民族工業的發展空間。

在日偽開展的歷次捐獻金屬、獻金等運動中，華資工廠均是
被徵收的主要對象，慘遭盤剝。一九四三年九月，日偽發動獻納

92　漢口特別市商會編《漢口特別市商會第四次會員大會提案》第四十六
　　案，1943 年版。
93　《多頭不肯廉吐，車胎售價堅挺》，《大楚報》1942 年 9 月 23 日。

金屬製品活動，借機強迫武漢各同業公會購紫銅 75 斤、錫 30
斤、5 分鎳幣 800 枚及儲備券（硬幣）1.8 萬元。這些受到日偽
嚴密控制的一類物資，只有花高價才能購足所規定的獻納指標。
萬般無奈之下，各同業公會的分派任務只能由下屬會員乃至商
號、公司分攤，工商業主因之慘被剝削。一九四四年四月，偽漢
口市政府增產委員會發動獻納金屬五百噸運動，各同業公會因任
務難以完成，要求減少捐獻數量，被當局嚴厲駁斥，要求按定額
迅速上交，違者嚴懲。日偽通過商會組織及各同業公會，再施以
經濟統制和物資統制管理，驅使武漢華資企業為日方提供戰時經
濟支援，用心極為陰險狡詐。由此觀之，在日偽戰時經濟體制
下，被捆綁上日軍戰車的武漢華資工廠，被迫淪為武漢殖民地經
濟的附庸，在日偽統制物資、壟斷市場、限減電力、巧取豪奪等
伎倆下，生產經營每況愈下，在困境中掙扎求存。

　　在「以戰養戰」的殖民經濟掠奪政策下，由日偽主導的這場
所謂武漢工業「復興」，不僅未能改善武漢人民的生活，反而將
武漢人民推向苦難的深淵。淪陷期間，武漢地區物資奇缺，日用
品價格飛漲，一般居民只能以油燈替代電燈，散裝煤油也價格昂
貴。尤其是太平洋戰爭後，對外貿易斷絕、工業原料匱乏，華
資工廠舉步維艱，導致工業品在市場上「既不能仰求外貨，
而國產品又因原料奇缺，亦難供求平衡」[94]的局面。以市民常用
的車胎為例，一九四二年八至九月，一月之間，自行車外胎從日

94　《多頭不肯廉吐，車胎售價堅挺》，《大楚報》1942 年 9 月 23 日。

金五十元漲至六十五元，內胎由十五元漲至十八元。即便如此，這類工業品也屬緊俏物資，在市面上難以買到。

總而言之，這場工業「復興」運動浸染了華資工廠的斑斑血淚，竭澤而漁地榨取武漢淪陷區的經濟資源，為日本侵華行為搖旗吶喊、推波助瀾，不僅未能挽救日本軍國主義覆亡的命運，反而隨著一九四五年日軍的投降而很快破產，在武漢近代工業史上寫下恥辱的一筆。

第九章————

艱難的工業復蘇

抗日戰爭勝利以後，國民政府對日偽資產的接收變為劫收，官僚資本壟斷了武漢地區重要工業。戰後初期民族資本主義工業復員困難重重，在美貨和官僚資本的雙重打壓下，加上國統區通貨膨脹，發生嚴重的經濟危機，政局不穩，武漢民族工業大量破產。

第一節 ▶ 國民政府接收日偽工礦及復工

一、抗戰後期對戰後工業復員的準備

一九四二年下半年第二次世界大戰戰局開始呈現出有利於同盟國的轉折。英美等同盟國有關人士開始討論戰後問題，政府亦紛紛籌謀戰後建設計畫，受此影響，中國國統區知識份子與工商業界人士於一九四二年下半年至一九四五年八月也掀起了一場關於戰後經濟建設的思想討論，戰區產業復員成為其重要議題之一。重慶《大公報》一九四二年七月十四日即發表社評指出，工業化是中國戰後建設的核心，「談到中國的戰後建設，其目標無疑的應該是一個國防鞏固、民生充裕的工業化國家」。[1] 著名紡織科學家蔣乃鏞先生一九四四年著《戰後中國工業建設之路》一書，對於戰後工業建設的重要性、原則、步驟、資金、器材、人

1　閻書欽：《外資外貿與中國工業化──抗戰後期國統區知識界關於戰後建設問題的討論》，《近代史研究》2008 年第 3 期。

才、標準等進行了論述，對十餘種工業發展方向和建設標準進行了詳細分析與指導。他針對中國工業落後歐美的現狀，指出戰後當急起建設，「第一步力謀恢復戰前原有工業之數量，第二步設法到達自給自足之地步」。[2]

一九四三年四月中國全國工業協會成立，恆順機器廠周茂柏、裕華紗廠蘇汰餘等二十二人被選為第一屆理事會理事。工協成立後，對「戰後工業建設方針」之類的宏觀問題進行了多次討論，一九四三年十一月二十四日常務理事會第十二次會議通過「切實研究戰後工業問題案」，一九四四年六月二十八日，工協第十次理監聯席會議議決責成常務理事會辦理設立有關復員事項的「專門機構」。一九四五年五月三十日，工協第三十次常會決議設立服務部，向中央銀行、中央信託局、戰時生產局致函索購外匯、機械辦法，以協助會員工廠戰後復興工業。[3]

國民政府在抗戰勝利前夕，也積極謀求戰後經濟恢復，公佈了一系列關於處理敵產的法規條例，其中諸多內容成為戰後經濟恢復政策的藍本。行政院於一九四三年三月十四日成立敵產處理委員會，十二月七日公佈《敵產處理條例》，一九四四年一月七日更進一步公佈《敵產處理條例施行細則》，對於敵產登記與管理有較為詳細的規定。一九四四年三月十四日公佈《淪陷區敵國

2　蔣乃鏞：《戰後中國工業建設之路》，中華書局，1944 年 4 月，第 1 頁。

3　黃立人：《抗日戰爭後期成立的中國全國工業協會》，《抗日戰爭研究》2009 年第 2 期。

資產處理辦法》，其中規定：「凡敵國在中國工礦事業之資本財產，及一切權益，一律沒收作為國有，由中國政府經管處理之……凡與敵人合辦之事業，不論公營或私營，一律由中國政府派員接收，分別性質，應歸國營者移交國營事業機關，應歸民營者移交正當民營事業組織接辦。」這些對敵產處理的辦法成為戰後接收處理日偽資產時所遵循的基本原則。同時公佈的《淪陷區工礦事業接收整理辦法》則要求在經濟部內設立淪陷區工礦事業整理委員會，籌擬處理一切接收恢復事宜，「經濟部派員隨反攻軍事之進展，至原淪陷各地接收工礦事業，並隨工作之進展，設立分區工礦整理處，依照部定方案，執行收復整理之任務」。[4]這種派經濟特派員接收工礦事業的做法在戰後亦被採用。

二、戰後接收處理日偽資產

一九四五年八月十五日，日本侵略者宣佈無條件投降。八月二十一日國民政府陸軍總司令何應欽頒布《中國戰區各區受降主官分配表》，指定孫蔚如為第六戰區受降主官，負責接受武漢、沙市、宜昌地區日軍投降。收復後新的湖北省政府長官委員名單亦公布於眾：王東原（主席）、王開化（民政廳長）、吳嵩慶（財政廳長）、錢雲階（教育廳長）、譚岳泉（建設廳長）、王原一

4　秦孝儀：《中華民國重要史料初編——對日抗戰時期》第七編《戰後中國（四）接收復員與重建》，臺北：中國國民黨中央委員會黨史委員會，1981年版，第41-42頁。

（秘書長）、周蒼柏、鄭逸俠、黃仲恂、劉公武、李石樵、徐惟烈、徐會之。為了保證收復區日偽物資接收工作的順利進行，國民政府行政院公佈《行政院各部會署局派遣收復區接收人員辦法》，向京滬區、冀魯察熱區、晉豫綏區、鄂湘贛區、粵

·抗戰勝利後，恢復生產的國營漢口碾米廠職工合影

桂閩區等收復區派駐特派員，其中鄂湘贛區財政金融特派員為賈世毅、交通通訊特派員為夏光欽、經濟工礦特派員為李景潞。[5]

　　第六戰區在恩施接到主持接受武漢方面日軍投降命令後，深感接管日方物資頭緒紛繁，為了統一事權、避免接收過程中帶來的分歧，於一九四五年八月二十八日，召開籌備會議，擬定《第六戰區接管日方物資委員會組織規程》，九月一日在恩施正式成立第六戰區接管日方物資委員會，負責主辦接收事宜。該會設主任委員一人，由國民黨政府第六戰區司令長官孫蔚如擔任；副主

5　李景潞，別號博候、博經，湖南長沙市人，生於一九〇四年，曾赴德國研習機械工程，抗日戰爭期間曾協助國民政府由東南沿海西遷。一九三八年一月任經濟部技正，管制司司長等職，一九四六年八月二十二日改任交通部航政司司長，一九四八年任輪船招商局常務董事，一九四九年去臺灣。

任委員三人，由國民政府第六戰區副司令長官郭懺、湖北省政府主席王東原、國民黨湖北省黨部主任委員邵華擔任；委員若干人，由軍政部特派員、軍政部第二會計分處處長、兵站總監及長官部、省政府、青年團派員擔任。《組織規程》中規定該會設武器器材、交通通訊、糧服、衛生、公用事業、文化事業等六組及秘書、研究、總務三室。九月十七日該接收機構隨同第六戰區司令長官部進駐武漢，迅速接收日軍全部裝備、軍事倉庫和附屬工廠。十八日第六戰區在漢口中山公園正式受降，該機構即於次日開始全面辦理接收業務。

第六戰區接收物資分為軍用物資、各種產業、地方行政機構、黨團組織機構等幾種，其中屬於軍用倉庫及日軍在武漢區內的各種軍需工廠軍用物資，由第六兵站總監部接收；屬於日僑經營及偽組織經營的各種工商場廠等機構產業，由經濟部特派員、湖北省政府、漢口市政府、武昌市政處等機關共同接收；屬於民營糧食加工廠及麵粉廠等機構產業，由糧食部特派員及湖北省田賦糧食管理處共同接收。此外，一般被日偽所侵佔的民營廠礦的清理事項，亦由第六戰區接管委員會接收，轉交湖北省政府組設的「敵偽侵佔民產清理委員會」負責處理。據相關檔案記載，截至一九四五年十月十七日，正在接收與完成接收的倉庫有：瀛華洋行倉庫、漢口堆疊公司倉庫、萬穀倉庫、三菱倉庫、漢陽岩井倉庫、漢陽三井鼎孚倉庫、齋藤洋行倉庫、通孚倉庫、應華元成和倉庫、瀛華元成和倉庫等；正在接收與完成接收的洋行有：三協洋行、國際洋行、布川洋行、近大洋行、菊地洋行、井田洋行、華大洋行、中和洋行、華友洋行、福一洋行、市田洋行、瑞

康洋行、山口洋行、秋山洋行、阿部市洋行等洋行；接收後正在
處理或已處理的敵偽工礦事業有：林大洋行酒精工廠、大二洋
行、中華出光株式會社酒精廠、第一工業漢口製皂第一工廠、第
一工業漢陽煉油工廠、隆華公司、盤城水泥株式會社工廠、三菱
酒精工廠、高木釀造廠、鈴木工廠、太和釀造廠、前田一二洋
行、中山洋行、掘江工廠、掘田食品工廠、報國釀造廠、漢口醬
油釀造廠、華中釀造廠、紫紅釀造廠、漢口貨物廠製藥工廠、華
陽化學研究所、日華油脂肥廠、中支科學工業株式會社、吉田玻
璃廠、武漢制紙株式會社、三井蛋廠、正伸食品工廠、漢口火柴
廠、明信工業社、金龍肥皂廠、興農肥料廠、武昌紙煙廠、北島
酒精廠、秦安紗廠、鴻昌紡織廠、漢陽中川工廠、兒玉紡織工
廠、中川紡織工廠、武漢染廠、宏華針線廠、大成布廠、和平布
廠、軋花機廠、染織青布廠、秋山打包廠、新銘工業社、龔藻
堂、日信洋行、酒井鐵工廠、東亞株式會社、東亞海運株式會社
漢口鐵工部、岩崎洋行、中山鋼業廠、丸岩及五金工廠、順昌鐵
廠、武昌制練所、武漢水電工廠、武漢鐵工部、土木建築公司、
漢陽紅磚廠、武昌寶積庵農場、農產公司倉庫、小原食品工廠、
保豐麵粉廠、帝國水產、生田洋行工廠、營信商事、武漢齒磨工
廠、中川工廠、掘口工廠等。[6] 截至一九四五年十一月，湖北省

6　《接收敵偽工礦概況表》《接收敵偽工礦處理情況表》，武漢地方志編
　　纂委員會辦公室《武漢解放戰爭史料》，武漢出版社，2009 年版，第
　　426-432 頁。

政府共計接收日偽資產一百三十九個單位，按照當時的物價，折合法幣一百一十億元。第六戰區接管日方物資委員會還承擔起處理密報物資的任務。抗日戰爭剛結束時，因交通關係，第六戰區長官部未能立即進入武漢市區，在此期間，日偽人員對於各種重要物資大肆破壞，特別是車輛、汽油、火炮、機器等。至於普通物資，則勾結奸商及地痞流氓，將大量物資讓渡、轉移、藏匿，嚴重侵害國家權益，給武漢帶來重大損失。第六戰區接管日方物資委員會進入武漢後，即發佈文告獎勵密報檢舉，至十一月底，經委員會調查，密報物資中確實屬於日偽物資，予以沒收的有146 案，分交有關機關接收 64 案，分交有關機關核辦 12 案，查無結果 41 案，經查明不實予以發還 14 案，移交行政院特派員辦公處繼續處理 92 案。[7]

一九四五年十月行政院長宋子文簽請蔣介石批准成立行政院收復區全國性事業接收委員會，由行政院副院長翁文灝主持。各地區、各省市相應設立敵偽物資產業處理局。此時，除有關軍事系統的接收仍由陸軍總司令部主持外，一切屬行政院範圍內的接收、處理工作，已全部劃歸行政院負責。由行政院制定的《收復區敵偽產業處理辦法》，規定了各機關接收職權的範圍。如由軍政部接收軍用品，航空委員會接收空軍機件，交通部接收陸上運

7　《第六戰區接管日方物資委員會工作報告書》，秦孝儀：《中華民國重要史料初編——對日抗戰時期》第七編《戰後中國（四）接收復員與重建》，臺北：中國國民黨中央委員會黨史委員會，1981 年版，第343 頁。

輸車輛，招商局接收船舶，經濟部接收工廠、礦場及其原料成品，糧食部接收麵粉、碾米工廠及糧食，農林部接收農場，中央信託局接收房地產，省市政府接收直接有關地方主管事項。[8] 在此背景下，十一月二十五日，國民政府行政院處理接收武漢敵偽產業特派員辦公處成立。第六戰區接管日方物資委員會奉命予以撤銷。委員會將所有接收的工

·湖北省主席何成浚利用接收之機，巧取豪奪成為武昌第一紗廠董事長

廠、倉庫等產業的日方原始清冊，轉送行政院處理接收武漢區敵偽產業特派員辦公處核辦；關於密報物資的處理，委員會以復興湖北省教育文化事業為由，組織武漢密報日偽物資處理委員會，擬將密報物資除軍用部分外，其餘標賣變價充作文化教育經費，但最初未得國民政府同意，不得不將密報物資移交行政院特派員譚伯羽處理。後經湖北省軍政首腦與輿論界的長達兩個月的爭取，行政院長宋子文才同意將密報敵偽物資移交湖北省政府處理，但要求處理後的款項必須專存中央銀行漢口分行。

抗戰勝利後，對於接收，國民黨政府並沒有比較周密詳細的

8　《翁文灝在國民黨六屆二中全會上的經濟報告》，《中央日報》1946 年 3 月 6 日。

計畫，朝令夕改，加上中央與地方利益之爭，因而一時間接收機構林立，卻無統一指揮；接收大員掛特派員頭銜者不計其數，卻互不相謀，各自為政，名為接收，實同爭搶，導致接收秩序極為混亂。隨著接收工作的進展，接收變成了「劫收」。參與接收的各級官員各謀私利，徇私舞弊，濫用權力，佔據敵偽財產。迫於社會輿論壓力，一九四六年六月中央監察委員會暨檢察院、國民參政會共同組織「接收處理敵偽物資清查團」，設十八個小組，分赴蘇浙皖、湘鄂贛、東北、粵桂、冀察熱綏、魯豫、閩臺 7 個區，負責清查接收工作中的不法行為。湘鄂贛清查團 7 月赴武漢清查日偽物資接收，作了詳細調查，清查出了一些腐敗案件。如第六戰區動用接收物資四十億元案，將接收日偽的非軍用物資擅自配給長官司令部、武漢警備總司令部及兵站總監部；江漢關擅自拍賣敵偽物資十三億元；駐武漢附近的汪偽陸軍第十四軍軍長鄒平凡，在武漢接收了日偽庫存食鹽、大米、煙土、步槍、機槍、手槍、彈藥等價值幾十億，後經人檢舉，鄒被清查團查處，武漢行營下令通緝。又如清查團到武漢後公佈了武漢接收大員徐怨宇的舞弊案件，揭發此人隱匿敵偽財產，掠奪民宅、侵吞公款、私占土地等，此案公佈後轟動了武漢。

三、官營工礦業的復員

抗戰勝利後，南京國民政府陸續頒佈了《收復區敵偽產業處理辦法》（1945 年 12 月 23 日）、《收復區私有土地上敵偽建築物處理辦法（修正案）》（1946 年 7 月 29 日）、《收復地區土地權利清理辦法（修正案）》（1946 年 7 月 29 日）等一系列接收

法令，以儘快恢復生產，增加物
資供應，而且分別出輕重緩急，
復工生產和工業建設並行。由於
廣大內遷工廠對中國抗戰事業做
出了巨大犧牲和貢獻，為表示獎
勵，規定對非重點的敵偽企業和
部分設備，標價出售，內遷廠享
有優先購買權。接收的工廠分為
三大類，第一類是資源委員會接
收的工礦企業；第二類是由中國
紡織建設公司接收的紡織廠；第
三類是雜類工廠。因為雜類工廠

·鄂南電力公司武昌發電所車間

規模小，屬於無關宏旨的小廠，所以一般標價出售。[9]

資源委員會前身為國防設計委員會，一九三五年四月改組為
資源委員會，由軍事委員會直轄，抗日戰爭爆發後改屬經濟部，
一九四六年五月後又直隸於行政院，是國民政府內專門負責重工
業建設的機構，通過抗戰期間對大後方重要戰略物資的開發和貿
易活動，戰後已發展成為國內唯一的重工業壟斷資本集團。戰後
初期，資源委員會在武漢的重要工業有：武昌水電廠、中央電工
廠漢口分廠等。

9　謝俊美、季鳳文：《中國工業史話》，中國國際廣播出版社，2011 年
　　版，第 146 頁。

　　日本投降後，湖北省政府電請經濟部派員接管武漢水電，資源委員會派黃文治以經濟部特派員辦公處專門委員名義，會同王愷謀總工程師、湖北省政府吳紀輝工程師於九月二十三日起開始接收「華中水電公司武昌出張所」。接收的水廠設備尚為完整，電廠設備大部分已被敵人破壞。暫租武昌中正路四百三十三號為辦公地址，繼續營業。但武漢剛剛光復，交通不便，燃料供給困難，武昌水電廠一方面繼續利用長江江底電纜向漢口既濟水電公司躉購電力供應省政府等機關及其他重要照明用電；並將日本人留在胭脂路山洞內的殘破的 150 匹及 800 匹馬力柴油發電機各一臺，移裝平湖門配電所，積極修理，作為備用電源；另一方面選定武昌下新河原氈呢廠舊址為廠址，並先安裝快裝式發電設備，於一九四五年十月一日正式復業。黃文治被任為廠長。[10] 武昌水電廠系由資源委員會與湖北省政府合辦。其組織系統為廠長、管理協理、總工程師，下設材料、會計、業務、水務、供電、發電、總務 7 課。復業時職員 38 人，工人 123 人，固定資產 2569 萬元。[11] 一期工程計畫安裝美制快裝式 500 千瓦發電設備 2 臺。

10 黃文治，江蘇金山人，一九三三年畢業於交通大學電機系。曾任武昌電廠廠長、鄂南電力公司總經理兼武漢大學教授。新中國成立後，歷任交通大學教授，中南電業管理局總工程師，武漢工學院教授、副院長、代院長，中國摩擦學學會第一、二屆常務理事，湖北省摩擦學學會理事長。一九八○年加入中國共產黨。長期從事電力工程和摩擦學的教學與研究，主持武昌電廠、大冶電廠以及武昌至大冶輸電工程設計。

11 湖北省電力工業志編輯室編《湖北省電業史料選編（1889-1949）》，1995 年 2 月，第 654-669 頁。

一九四五年十月動工，一九四六年十月正式對外供電，當年發電76.92萬千瓦時。一九四七年五月，又將原有150匹馬力及800匹馬力柴油發電機修理備用，以適應用電不斷增長的趨勢，年發電量達到463萬千瓦時。一九四七年七月該廠與大冶電廠合併，組成鄂南電力公司。

·武昌發電所汽輪發電機

中央電工廠漢口分廠系戰後經濟部特派員接收的日偽松下電池廠轉交資源委員會。一九四五年十二月，資源委員會派員接收日本松下電業株式會社漢口電池廠，易廠名為資源委員會中央電工器材廠湘潭分廠漢口預備廠。一九四六年二月，該廠利用原漢口電池廠的機器設備、原料和日本戰俘，開工生產「日月牌」鋅錳乾電池及鉛酸蓄電池。中央電工器材第四廠從貴陽遷至武漢，與漢口預備廠合併，改廠名為中央電工器材廠漢口分廠。當年從美國購回自動打炭包機、加漿機、焊鋅筒機等一批設備，從而代替了部分手工操作；同時又用加拿大產乙炔墨代替部分石墨粉，使鋅錳系列筒型電池提高了產量。該廠有員工一百餘人，廠房面積一千四百四十平方米，一九四七年生產乾電池一百四十餘萬

隻。[12]

　　湖北省政府遷複武漢後，即籌備工礦事業的復員工作。一九四五年十月討論通過《湖北省政府接收敵偽工礦處理原則》，主要有：「一、凡與民生有關而適合於當前需要者（如磚廠、油廠、煤礦、土敏土廠）等，籌備復業。二、凡應戰時需要而新設之工廠（如酒精廠）機器設備完全，仍能出產者，設法維持之。三、凡屬同性質之工廠，酌予合併。四、凡企業性質適合於民營條件者，得出租民營。五、凡設備簡陋以及設廠條件不合經營原則者，予以結束。」[13] 依據這一原則，湖北省政府處理了部分日偽工礦，將其轉為省營，這些工廠大多集中在武漢，最重要的有：湖北機械廠、漢口紡織廠、漢口化工廠、漢口釀造廠、漢口火柴廠、漢陽煉油廠等，其中後四家工廠共有資本六點五億元（法幣），工人一千一百餘人，動力設備四十六臺，生產酒、玻璃器皿、火柴、油料、肥皂、酒精、汽水、醬油等十餘種日用消費品，年產值達一百三十九億元。[14]

　　湖北機械廠前身為一九三四年六月六日建成投產的武昌機廠，一九三七年七月，省建設廳將武昌機廠併入湖北省航業局（後為航務處），同時收買商營江漢造船廠的全部設備，易名為

12　徐鵬航主編《湖北工業史》，湖北人民出版社，2008 年版，第 236 頁。
13　《湖北省政府公報——法規》第 540-541 期合刊，武漢地方志編纂委員會辦公室編《武漢解放戰爭史料》，武漢出版社，2009 年版，第441 頁。
14　武漢地方志編纂委員會主編《武漢市志·工業志》，武漢大學出版社，1999 年版，第 803 頁。

湖北省航業局修船廠。一九三八年七月，日本侵佔武漢，該廠將主要設備運往宜昌，當年十二月開工，與巴東機械廠共同承擔修理、改建船舶任務。一九三九年四月，又將宜昌、巴東的全部機件物資，連同象鼻山鐵礦拆卸機件遷至四川萬縣明鏡灘周家垸，同年九月十五日局部開工，十一月一日正式成立萬縣機械廠。抗戰勝利後，湖北建設廳萬縣機械廠於一九四五年十月遷回漢口，接收了井酒鐵工廠、東亞株式會社、岩崎洋行、中山鋼鐵廠等二十四家日偽工廠、洋行，其中機械工廠九個，易名湖北機械廠。一九四六年一月一日正式復工。總廠設於漢口大智路五十一號，下設漢口、武昌、宜昌三個分廠和六個工廠。廠長由日本福岡明治工業專校及東北帝國大學畢業的郭壽衡擔任。復工時所用廠房除第四工廠廠址為省產，系前紗局舊址地皮，其餘為接管敵偽強佔民產，均已破壞不堪，急需修理。機器設備尚有五十餘部滯留在萬縣，在武漢接管日偽機械約兩百部，但大多為舊式機械，零件不全，工具材料亦較為缺乏，資金有限。生產動力多依賴武昌水電廠，產品多在省內行銷。至一九四七年初，該廠資本已達二點三九億元，擁有各種生產設備兩百九十六部，職工六百餘人。經營專案有修造船舶、製造各種機械、熔焊及起重工程、各種翻砂冷作工程、鋼鐵橋樑工程、動力機和鐵釘製造。一九四七年三月交湖北省企業委員會管理。

一九四七年九月全國紡織生產會議召開，湖北建設廳提出恢復布、紗、絲、麻四局，將其改組為「文襄紡織公司」。最初曾計畫在原泰安紗廠舊址開辦規模較大的棉紡織廠，後因廠房、經費均未能落實，僅以接收的十二家小棉織廠和建設廳恩施紡織廠

第九章・艱難的工業復蘇

·湖北省漢口紡織廠動力織羅紋間

資財設備，合併組成「湖北省漢口紡織廠」。開辦當年，計有腳踏布機一百臺，月產布六百匹，品種有斜紋、平紋、卡嘰、床單、羅紋、棉絨等十七種。該廠創辦之初尚有盈餘，後因缺乏原料，投產兩年後停工。

漢口化工廠系由湖北省建設廳接收日商林大酒精製皂工廠、金龍肥皂廠、三民肥皂廠、大二、出光酒精廠及第一工業株式會社漢口工廠合併而成。初名漢口酒精廠，一九四六年八月改稱「漢口化工廠」，主要生產肥皂、酒精、骨粉，成為漢口最大的日用化學製品企業。一九四六年資本為法幣四六〇〇九萬元，年產值三八五二〇〇萬元，動力設備十九部，職工三百零八人。一九四八年，該廠改為「湖北省民生實業股份有限公司化工廠」。

漢口釀造廠系由省建設廳在接收日商高木、報國兩家釀造廠和吉田玻璃廠的基礎上合併而成。廠址位於漢口慎昌街，部分廠地系租借。復員時資本三千多萬元，廠長解承堪，畢業於河北工業學院化學科。一九四五年十一月正式投產，以製造玻璃器皿、釀酒、制醬為主要業務。月產器皿十萬件、醬油三萬瓶、清酒三千瓶、南酒一百五十擔。復業時職員三十人，工人一百九十二人。原料采自湘滬及本省，銷往本省及鄰省。一九四六年資本為法幣六千零五十二萬元，年產值一萬三千萬元，動力設備十四

部，職工一百六十二人。抗戰後，湖北省政府將楚勝火柴廠作為敵產沒收，由省建設廳派員接管，改名為「湖北省漢口火柴廠」，於同年十一月開工。一九四六年資本總額為法幣 3992 萬元，職工四百九十五人。主要設備有排梗機十部，日產「黃鶴樓」牌火柴三十餘簍。後因廠址原屬英商怡和牛皮廠所有，立契賣給申新四廠，申新四廠回漢後，提出收回要求，漢口火柴廠不得不遷至漢口盧溝橋路，後又遷至慎昌街進化村。生產時斷時續，虧損嚴重，於一九四六年十二月被迫停產。一九四七年三月，該廠由省建設廳公開標售，由周昌琦等人集資十萬銀元接辦，改廠名為「武漢火柴廠」。

漢陽煉油廠位於漢陽楊家河，原有螺旋榨機 200 部，日產豆餅 100 餘噸。戰後已開工榨機 100 部，以榨製麻油、菜油和豆油為主，另有甘油機、製皂機、煉油機、柴油機各 1 部，日產豆餅 35 至 40 噸，每百斤黃豆可榨油 13 斤左右。每月生產各種油類 80 餘萬斤。其豆餅主要銷往廣州、廈門、汕頭、臺灣一帶。

一九四六年資本為法幣 9508 萬元，年產值為法幣 100000 萬元，職工 297 人。抗戰勝利後，國民政府派員接收被日軍佔用的漢陽鐵廠廠房，成立經濟部漢陽鐵廠保管處，資產總值按一九四五年十一月價格 8 折計算，合法幣 141 億元。一九四八年六月，華中鋼鐵有限公司再次接收漢廠財產（含房地產），計法幣 1.96 億元。至此，漢陽鐵廠宣告終結。

抗戰勝利後，宋建寅帶領十一兵工廠大部分員工及家屬從湘返漢，接收了武昌日本島光部隊修械所，作為廠部，以及兩湖書院、平湖門倉庫、黃土坡日軍中央倉庫、漢口水塔街日軍倉庫

等。並在武昌、漢陽設廠，開工生產。武昌廠修理接收及戰後的武器，製造信號彈、槍榴彈、擲彈筒等。漢陽廠在兵工廠原址重建廠房，為第十一兵工廠第六製造所，主要鑄造手榴彈殼、木柄等。

戰後通過接收日偽工礦企業，官營工礦業在武漢工業中壟斷了冶金、電力、化工、軍工等重要部門，官僚資本逐步膨脹，改變了戰後工業結構。

第二節 ▶ 民營工業的恢復與自救

一、戰後機械工業的復員

一九四五年抗戰勝利以後，南京國民政府啟動接收各地工礦企業的工作，但對機械工業復員並無通盤計畫，加上政局動盪，政府又取消了訂貨，許多機器廠被迫關門，廠家為發工人遣散費，只得變賣生產工具，有些廠將機器全部出售；有的廠賣不掉機器，無法復員。湖北省政府從恩施遷回武漢後，謀劃組織工商業復業。一九四六年，漢口市政府制定《工商業登記暫行辦法》，規定：凡在漢口市經營的廠店，無論公營或民營企業，必須登記，小商小販可免予登記。資本在一萬元以上、工人在三十人以上、用機器動力製造產品者，應向經濟部辦理工廠登記。

據統計，抗戰期間，武漢內遷機械工業九十六家，一九四六年能復業的僅五十餘家。周恆順機器廠為戰後武漢第一個遷回內地復工的工廠。因周茂柏當時在資源委員會擔任中央造船公司總

經理的職務，在其舉薦下，其弟周茲柏被任命為湘鄂贛區特派員辦公處接收專員，得以早日回漢復員原周氏家族企業周恆順機器廠。漢陽周恆順廠址在日本人佔領期間被改為被服廠，日軍投降後已將機器設備、材料成品統統搬走，只剩下一座空廠房，為偽軍地方部隊所佔據。周茲柏靠著「中央」的招牌，比較順利地收回廠房。因已有一部分職工隨機器一同返漢，遂立即展開復員工作。修理廠房，安裝機器以及採購一切食宿和辦公用具，購買材料和燃料，可謂百廢待興。當時漢陽因遭到戰爭破壞，尚無法供電，於是恆順廠將由渝運來的煤氣機發電機立即安裝發電，不久向美國訂購的滾齒機和萬能銑床也運到漢陽安裝，恢復工作進展較為順利。同年十二月部分機器開始運轉，該廠遂成為武漢三鎮回遷復員、復工最早的工廠之一。一九四六年，周恆順與民生公司分家，漢陽廠歸周恆順，另在宜昌設分廠專為民生公司修理輪船，此廠歸盧作孚，重慶廠對分。對分後的重慶廠又標購機床四十餘臺，其中十臺運回漢陽廠。周恆順機器廠復員復工後，初期主要是為民生公司修理輪船，後為粵漢鐵路修理躉船和渡輪，勉強維持生計。生產了一些單缸煤氣機，後又廉價購買了三條舊船，修理翻新後出租。[15]

復員回漢的機械製造廠處境舉步維艱，由於重慶各大鋼廠停工，只有向上海購買原材料，導致運輸耗費過大，而且全為外國

---

15 周智佑：《周恆順百年商道──一個工業家族的歷史足跡》，海洋出版社，2011年版，第85-87頁。

貨，價格極高。其他原料如銅、鋁、鉛、白焦煤雖出自國內，價格波動很大，這些都導致加工能力較戰前有所下降，除修配業務外，一時無法考慮接受技術要求較高的大宗訂貨。復員不景氣致使工人生活困難。一九四六年底，三鎮五金機器業工人 6191 人中，失業的就達 1697 人，失業率高達 27.4%，為各業之首。機器業工人工資收入難以養家糊口。一九四六年，工人日平均工資 3900 元，最高 5200 元，最低 2600 元，仍低於多數行業。

一九四五年，有永源等十一家汽車修理廠相繼開業，多為租賃房屋經營，修理工具僅有少量扳手、手鑽、虎鉗等簡單工具，條件簡陋。日軍侵佔武漢後，無歐美貨進口，電器工業便逐漸由修理轉向裝配製造馬達，以米麵業為主要銷售對象。一九四六年，施九成、張忠裕、胡如棠於一九四〇年合夥組成的亞洲電業機器廠，從昆明遷至漢口車站路，改名新中電機廠，經營修理業務，兼營販賣。

西遷各廠相繼復員後，武漢市機器同業公會於一九四六年改為第十區機器工業同業公會，次年改為漢口區機器工業同業公會，祝渭潛出任理事長。一九四七年五月十四日，武漢市部分機械工程師為了促進機械工業的發展，成立了中國機械工程師學會武漢分會。

二、戰後電力工業的復員

一九三八年，武漢被日本侵略軍佔領，三鎮電業橫遭浩劫。殘存的電業被日商華中水電株式會社所掠奪，生產少量的電力，主要供日軍使用。一九四五年抗日戰爭勝利後，武漢電業逐漸恢

復。武漢電業由漢口既濟水電公司和武昌鄂南電力公司兩家隔江分營，漢陽已無電業可言，僅有五豐麵粉廠由漢口既濟電廠供電。

既濟水電公司於武漢淪陷前奉命內遷至大後方，拆運新發電設備 6000 千瓦 1 套及 3000 千瓦一部分，變壓器 100 餘具，計容量 12000 千伏安，電錶 1 萬餘只以及其他線路材料，後撥交兵工署及資源委員會所屬各廠使用，為大後方經濟的發展做出了較大的貢獻。抗戰勝利後，武漢各項復員工作加緊開展，尤其是工商業一度出現短暫的復蘇，迫切需要電力的恢復供給。戰後既濟水電公司謀求盡快恢復在漢電業，總理潘銘新即呈經濟部部長翁文灝請求政府在財力、物力方面予以有效協助與保護。既濟水電公司向四聯總處申請由國家銀行借得復業經費 1 億元，並派孫保基總工程師隨同經濟部湘鄂贛區特派員李景潞乘第一艘勝利輪於一九四五年九月十九日到達漢口，由特派員辦公處指派孫保基為接收委員，代表經濟部會同既濟水電公司留守委員會錢仲超主任委員辦理接收。接收工作分為總務組、制水組、發電組、水電供應組、業務組、會計組、材料組、燃料組八組辦理。九月二十一日經濟部派員開始暫行接收武漢水電事業，武昌水電事業接收範圍為「華中水電公司武昌出張所」，漢口水電事業接收範圍包括漢口既濟水電公司利濟路電廠、宗關水廠及漢口英商電燈公司。一九四六年五月，經濟部湘鄂贛區特派員辦公處將既濟水電公司發還，繼續民營。

接收後，首先將路燈及各重要機關恢復供電，並繼續供水及向武昌送電。但利濟路電廠發電設備陳舊老化，年久失修，接收

後可供利用的僅 3000 千瓦 2 部及 1500 千瓦 2 部，由既濟水電公司代管的英商電燈公司可利用的僅 1250 千瓦及 2500 千瓦透平直流機 2 部，漢口當時可供利用的全部發電容量只有 8000 千瓦，遠遠不能滿足各業日益增長的用電需求。[16] 鑑於此情形，既濟水電公司決定增設發電設備，一九四六年九月向行政院物資供應局購買 2000 千瓦發電機全套，十月中旬運抵漢口裝置在水廠；一九四六年夏向行政院善後救濟總署請求配給發電機，數經周折，最後於十月中旬配售 2500 千瓦發電機一座；另外，日本賠償發電設備，由政府配給 1 萬千瓦容量者二套，由經濟部分配給該公司二套，共計發電量 2 萬千瓦。

接收後電廠所存燃煤甚少，燃料短缺。為解決燃料問題，一九四五年九月二十三日正式成立第六戰區接管日方物資委員會武漢區煤料管理委員會，該委員會由第六戰區長官部、省市政府、省市黨團、戰時運輸管理局、船舶運輸管理處、交通部特派員辦公處、既濟水電公司、中央銀行、交通銀行、武漢三鎮商會，及煤業公會各派代表共同組成，負責接收日方存煤，並督導武漢附近礦區復工生產。統籌購配油餅、木柴等燃料代用品，維持燃料供應平衡。一九四六年一月改組為武漢燃料管理委員會，二月底

16　《水電供應情形》，湖北省電力工業志編輯室編《湖北電業史料選編（1889-1949）》，1995 年 2 月編印，第 219 頁。

結束。[17] 在燃料管理委員會的盡力協助下，既濟水電公司所需燃料勉強得以供應，但到一九四五年十月中旬，燃煤來源斷絕，存煤使用殆盡，水電供應無力兼顧，不得不停止全市供電，並於電廠採用木材、油餅代替煤料，專供電水廠及武昌水電廠，以維持武漢供水。為節省燃料，又停發夜電，專開日電。一九四五年十二月經濟部煤焦管理處湘鄂贛區分處在漢成立，專事購運湘煤，既濟水電公司得以獲得燃煤接濟，恢復供電。一九四六年四月經濟部煤焦管理處奉令裁撤後，既濟水電公司燃料來源又告中斷，不得不向上海區燃管會求援，月配開灤、淮南煤 3500 噸，並由公司自行採購湘煤作為補充，又向上海德士古公司訂購燃油，同時改造鍋爐，加裝燒油設備，以補燃煤不足。但因華北局勢動盪，且物資短缺，既濟水電公司幾乎無日不在燃料恐慌狀態中勉力支援。

隨著燃料及其他費用的劇增，既濟水電公司開支龐大，雖多次調整水電價格，仍入不敷出，如一九四五年十月水電收入 2000 多萬元，而燃料每噸平均價格達 25000 多元，開支超過 5000 萬元以上，結算結果虧損達 3000 萬元左右；十一月加收煤價調整費，水每 100 加侖加收 36 元，電每度加收 165 元，因此該月水電總收入有所增加，達 5000 多萬元，但燃料全用木材、

17 《第六戰區接管日方物資委員會武漢區煤料管理委員會 武漢燃料管理委員會接收煤料工作報告》，武漢地方志編纂委員會辦公室《武漢解放戰爭史料》，武漢出版社，2009 年版，第 425-426 頁。

油餅，燃料費每公噸折合煙煤價 78000 元，致使開支大幅增加，竟然達 9000 餘萬元，結算結果仍虧損 4000 萬元左右，次月不得不再次增加煤價調整費。由於既濟水電公司一再提高水電價格，引起社會猜疑與不滿。《大剛報》一九四六年十一月五日發表社評《關於水電加價》：「水電供應屬於一種獨佔性的事業，向例不容許私人經營……如容許私人經營，則易為少數人所獨佔，以榨取超額的獨佔利潤……辦理水電供應這一類的供電事業，如果不能為公眾服務，減輕公眾的負擔，並維持全市之繁榮，已經算是未有盡到應盡的責任。如果這原因不是為了榨取獨佔利潤，不是為了公司本身之有欠努力，而僅僅乎由於有些人在欺騙水電費用，又與大部分水電之為無益之消耗，不得已而出如此加價之下策，那便不只是公司本身之處理失當，抑且是社會上的缺點和恥辱。萬一我們竟為了偷漏和經營不健全，而來加重公眾的負擔，那就不僅是給予公眾以損失，而且會給公眾以不良的影響，教人不守法紀，倚勢圖賴，教人取巧行偷，破壞線管，這一種道義上的無形損失，較諸金錢之有形損失為尤甚。」[18] 一九四七年八月十九日至九月二十一日，漢口市水電事業督導委員會為調查既濟水電公司加價問題，由委員及聘請的會計師對其收支情形進行清查，審核結果為一九四七年一至六月收入 22653613799 元，支出

18　《關於水電加價》，《大剛報》，1946 年 11 月 5 日。

27588240159 元，虧損 493462636 元。[19]

三、戰後麵粉工業的復員

　　武漢市麵粉工業戰前有福新、勝新、裕隆、五豐、漢口等廠，每日產量二點五萬包左右，銷售市場遠及湘贛及河北平津一帶。抗戰勝利後，大量人口回遷武漢，麵粉需要量激增。而日偽麵粉廠在國民政府接收之前已經大部停產，內遷的福新、勝新等麵粉廠尚未復員，市場出現嚴重的供不應求局面，導致麵粉價格非常昂貴，利潤空間也相當大。在豐厚利潤的刺激下，小型麵粉廠如雨後春筍紛紛建立，至勝新和福新麵粉廠復工之時，小型麵粉廠已達二十八家。

　　一九四六年福新、勝新、金龍、五豐等麵粉廠紛紛復業。福五麵粉廠戰前為武漢市最大的麵粉廠，內遷後在重慶、寶雞、天水、成都等地設立分廠，經過苦心經營獲利甚巨。日本投降後，福五麵粉廠負責人李國偉立即飛赴上海收買敵偽產業，並派人去漢口找尋丟失的機器設備籌備復工。內遷時留漢的機器設備藏在怡和、沙遜兩家洋行棧房中，後被日偽強佔，一部分機器被日東製粉株式會社佔用，其餘散失於下太古站、日東二廠、金龍麵粉廠、華中鐵工廠和三菱倉庫等處。經耐心找尋，僅找回若干散失

19　《漢鎮既濟水電股份有限公司三十六年度業務報告》，湖北省電力工業志編輯室編《湖北電業史料選編（1889-1949）》，1995 年 2 月編印，第 320 頁。

的機器設備，加以修理。另有部分廠房被軍隊後勤機關強佔，不肯讓出。經多方疏通，直到一九四六年五月才將廠房收回，安裝機器，恢復生產，日產麵粉由九百包提高到一千七百包。勝新麵粉廠的前身為楚裕麵粉廠，因經營管理不善，由王一鳴標購。經重建廠房、購買設備，開工生產約一年，日本侵略軍逼近武漢，被迫拆卸設備，保存於漢口英商某倉庫，抗戰後期又被美軍飛機炸毀。抗戰勝利後復業，因資金短缺，向交通銀行抵押借款一億元，始於一九四六年十月復工，日生產麵粉四千五百包。

金龍麵粉廠因在淪陷期間被日商租用，改名為「日東製粉株式會社」，磨制軍粉，被糧食部作為敵產派員接收。業主高伯循提出異議並要求發還麵粉廠，糧食部特派員沈國瑾提出以三十萬元作為交換條件。後經高伯循多方奔走，輾轉請托，始於一九四六年三四月間歸還，經整理復工，日生產能力一千八百包。

武漢淪陷時，五豐麵粉廠以廠房為投資與日商三井洋行合夥，恢復生產，日本投降後，該廠被國民黨政府武漢糧政特派員辦事處接收，一九四六年四月一日復工。因五豐牌號和「長春」商標在市場上頗負聲譽，故該廠產品仍使用舊的廠名與商標。一九四七年增添設備，擴大生產能力，日生產能力從二千六百四十包提高到三千七百八十包。

表 9-1 1945-1946 年開業或復業的部分麵粉廠

廠名	經理	復業或開業時間	日生產量	備註
福新五廠	李國偉	1946 年復業	4500 包	
勝新豐記	趙厚甫	1946 年復業	4500 包	
金龍	李樹堂	1946 年復業	1800 包	

五豐	朱楚新	1945 年復業	3700 包	
寶新新記	羅寶珊	1945 年 11 月開業	400 包	
德泰	陳子清	1945 年 7 月開業	400 包	
傅萬豐蘭記	傅植庵	1946 年 7 月開業	200 包	米麵兼營
倪興發	倪玉山	1946 年 9 月開業	200 包	
寶泰成記	羅伯陶	1946 年 11 月開業	400 包	
同春	黃振熙	1946 年 6 月開業	250 包	
信記新	藩惠民	1946 年 2 月開業	200 包	米麵兼營
徐恆盛	徐國章	1946 年 6 月開業	300 包	
鴻康	張鳳歧	1946 年 2 月開業	35 包	1947 年 12 月停業
甘永昌	甘如恆	1946 年 5 月開業	35 包	
萬成	熊玉卿	1946 年 5 月開業	35 包	
洪盛	鄔遠池	1946 年 5 月開業	35 包	

注：資料來源，上海市糧食局、上海市工商行政管理局、上海社會科學院經濟研究所經濟史研究室編《中國近代麵粉工業史》，中華書局，1987 年版，第275 頁。

　　從以上十六家戰後復業或開業的麵粉廠來看，總日生產量為16955 包，日生產量三四千包的僅勝新、福新、金龍、五豐四個大型麵粉廠，小型麵粉廠雖數量多，但受資本等因素限制，生產能力較為有限。

　　武漢麵粉工業相比戰前生產未見擴充，反而呈萎縮之象。主要因為：一是美國救濟麵粉對武漢麵粉工業的衝擊。僅一九四六年四月份就有二十七萬袋救濟麵粉交由行政院善後救濟總署湖北分署通盤配撥。正如勝新麵粉廠經理趙厚甫所說：「很多商店，都是美國的商品，引人注目的是漢口交通路，無一處不是美國的

剩餘物資，從吃的罐頭、糖果、香煙，到穿的襪子、褲帶。這樣一來，很多工廠被擠垮了，勝新是麵粉廠，也沒有例外。正當我們竭盡全力，把炸壞的機器修復開工時，美國麵粉大量地運到中國，名為救濟，這樣的『救濟』就把中國的工廠都『救濟』光了。」[20]

二是生產資金不敷流轉，利率太高。麵粉廠家向國有銀行申請貸款條件嚴格，辦事程式繁雜，因此都轉向高利貸借款。麵粉廠囿於資金，未能擴大生產規模。

三是電力供應不足，工廠用電限制甚嚴，電價較高。戰後漢口電力俱由既濟水電公司供應，由於燃料運輸及經營管理成本的增加，該公司多次調高電價，引起社會非議。工廠用電每度收費五百五十元，而同期上海區工廠用電每度僅八十四元。

四是麵粉生產主要原料小麥價格增加，副產品麩皮行銷不易。按麵粉廠習慣，每至六、七、八月新麥上市時，即需大量儲購麥子，以待陸續生產。以福新為例，每月需要八萬擔小麥，需資金四十億元以上，再加上運外埠銷售，周轉需半月以上，此項周轉金每月亦需五十餘億，總共每月需資金百億以上。抗戰以前，漢口麵粉廠所出麩皮均由日商購進，運往日本，用以製造味精及醬油等，此項收入可抵充廠方經常開支。戰後麩皮僅售給農

---

20 趙厚甫：《要打大算盤》，載《資本主義工商業的社會主義改造‧湖北卷‧武漢分冊》，中共黨史出版社，1991 年版，第 648 頁。

民作為飼料，推銷不易，價格下跌。[21]

四、戰後紡織工業的復員

抗戰勝利後，內遷紡織工廠陸續復員回漢，但內遷的主要機器設備基本留在內地繼續生產，如重慶、成都的裕華紗廠，重慶、成都、寶雞的申新紗廠以及軍紡廠等。返漢後開工的紡織企業有裕華、申新、震寰等紗廠及一些中小企業。

漢口第一紡織公司創始於一九一六年，武漢淪陷後，因有安利英債務關係未曾內遷遂被日敵佔據，改為軍管工廠製造軍服，廠內設備被任

· 一九四八年二月，漢口第一紡織股份有限公司（即武昌第一紗廠）全體職員合影

意拆毀，勝利前夕，復遭美機兩次轟炸，損失慘重。抗戰勝利後，一紗創辦人李紫雲之子李薦廷在重慶首先得到經濟部許可接收了一紗，整理復業。為籌議復工，一紗董事會與新股東聯合成立復工委員會，公推李薦廷為主任委員，程子菊為總經理，宋立

21　《武漢麵粉工業》，原載《征信新聞》第 287 期，選自武漢地方志編纂委員會主編《武漢解放戰爭史料》，武漢出版社，2009 年版，第 642 頁。

峰為經理，李貢廷為副經理，程佩玉為襄理，並聘請黃建章為廠長，錢起一、胡伯達為紡織工程師，湯瑤甫為電氣工程師，另設總務、工務、會計、氣工四處，分理各處事務。[22] 李薦廷倚仗軍事接收大員林逸聖的力量，成功控制了復工委員會。為及時恢復一紗事業，他又請來省參議長何成浚為一紗董事長。經一年的籌備，一九四六年五月和十月北場及南場先後復工，全廠職工3706 人。由於生產設備被敵人佔據後拆毀大半，至一九四六年七月僅開出紗錠二萬餘枚。受電力的限制，每日夜出二十支紗四十大包以上，僅及戰前的四分之一。[23]

武昌震寰紡織廠創辦於一九一九年，一九三三年因欠債將資產作一萬二千二百股改為震寰股份有限公司，後因歷年虧損，一度與武進大成紡印公司聯營。震寰紗廠內遷時一部分先運宜昌，一部分陸續運寶雞，未能運出者，堆存於漢口打包廠及法租界祥泰堆疊。一九四五年日寇投降，震寰復員回武昌，所有被日軍侵佔之廠基及生產設備，均由政府接收後發還。廠房被損壞三分之一，廠區面目全非。一九四五年十月，劉篤生、劉壽生等五人由渝乘船抵漢，經過交涉，在駐軍撤走後，立即修繕廠房，並將內遷時未及運走留存武漢的二百五十臺布機逐步安裝。但因全部原動機器於一九四四年秋在亨堡棧被炸毀，需要增添購置，只好多

22　本報資料室《介紹漢口第一紡織公司》，《武漢日報》1946 年 7 月 14日。選自武漢地方志編纂委員會主編《武漢解放戰爭史料》，武漢出版社，2009 年版，第 642 頁。

23　《武漢第六棉紡織廠廠志 1914-1949》（初稿）

方借貸，一九四六年八月一日始正式復工。開出六十臺布機，後勉力開出二百二十三臺，終以營業不振，陸續降低生產，僅開一百四十四臺。此後因資金枯竭，朝不保夕。一九四七年，震寰將租與重慶裕華紗廠之紗錠 5000 枚搬遷回武昌，安排裝車，恢復生產；同時交涉收回租與西安大華紗錠，以圖發展生產。奈交通不暢，無法搬遷。一九四八年十一月雙方協議，以運陝紗錠 16124 枚與大華紗廠存滬之美式舊紗錠 15120 枚、撚線錠 2000 枚相互調換。美式紗錠由滬運回廠後，仍因財力困窘而無力安裝。[24]

裕華紗廠戰時內遷重慶，武漢廠房即被日軍占作軍用，倉庫、工人住房變為兵營，遭到嚴重破壞。抗戰勝利後，庫存服裝、皮件、糧食及其他軍用器材，由國軍第六戰區兵站總監接收。接收後的廠房已是滿目瘡痍，而原有的鍋爐、水塔、水泵等均蕩然無存。國民黨軍一度霸佔裕華，

· 一九四六年裕華紡織股份有限公司股票

24 劉壽生、劉梅生：《震寰紗廠遭受帝國主義掠奪記》，政協武漢市委員會文史學習委員會編輯《武漢文史資料文庫 第三輯 工商經濟》，武漢出版社，1999 年版，第 133-134 頁。

並拆搬磚瓦、木料，阻滯修建，妨害復工。廠方多次向湖北省政府，漢口、武昌市政府等有關部門呼籲交涉，費盡周折，才在一九四六年春收回部分廠房、倉庫。因內遷設備留原地繼續開工，另向英美訂購新機，擬訂 6.5 萬枚紗錠，以 4 萬枚在武昌原廠復業，其餘分裝渝廠和蓉廠。但因經濟困難，外匯不易請購，英商擅自提高紗機價格，原定計劃無法實現。至一九四八年五月才陸續運廠開動 4000 餘錠，職工僅 200 餘人。[25] 一九四九年武漢解放時有職工 800 人，紗錠 5000 枚。裕大華紡織資本集團戰後還成立了華年實業股份有限公司，總公司設在漢口，經營進出口業務以及普通日需品如棉花、棉布、棉紗等項，以減少通過洋行的居間手續費用。為配合武漢裕華紗廠復員，調整永利銀行原有機構，增設漢口分行，並於一九四七年將總管理處遷移漢口。裕華紗廠能夠迅速恢復生產，很大程度上依賴永利銀行。

武漢淪陷前，申新第四紡織廠內遷重慶、寶雞、成都等地，部分設備未及內遷，有二萬錠新紗機留在漢口，堆存沙遜、怡和洋棧及中國汽車公司等處。武漢淪陷後，日軍多次威逼利誘留漢職工，令其裝機生產，遭到職工的拒絕。一九四一年太平洋戰爭爆發後，日本與英美成為敵對國，申新第四紡織廠留在美商和英商的棧房內的機器全部被日軍劫走。為探明這批設備的下落，申

25　《裕華鄂廠復原後之概況》，1948 年鉛印本，見《裕大華紡織資本集團史料》編寫組編《裕大華紡織資本集團史料》，湖北人民出版社，1984 年版，第 517-518 頁。

・漢口裕華紡織公司抗戰西遷後，先後設重慶廠、成都廠。圖為 1947 年裕華公司回武漢恢複開工廠的人員與重慶廠職員合影

新第四紡織廠渝廠派華煜卿於一九四五年九月十七日乘第一艘復原輪到達漢口。當時該廠廠房全部被國軍後勤總部汽車修理廠佔用，屢經交涉，仍不予遷讓。華煜卿多次以申新第四紡織廠接收委員名義，給經濟部戰時生產局湘鄂贛特派處特派員、第六戰區長官部、後勤總司令部、國民政府敵產清查委員會、國軍聯勤總司令部、湖北省敵偽侵佔人民財產清理委員會等機關呈送函件，請支持發還廠房，但結果是石沉大海，杳無音訊。一九四六年六月，厲無咎出任申新第四紡織廠漢廠廠長，他奔走於漢口、南京，找總參謀長陳誠交涉，幾經周折，一九四六年八月底，收回紗廠辦公室樓上的九間房屋，由一部分職員遷入辦公。到一九四七年初方把車間、棧房等全部廠房陸續收回。申新第四紡織廠在

內遷前有紡機 5 萬錠，布機 875 臺，日產 1000 匹之染整設備。[26]
漢廠戰後重建，擬先恢復內遷前的規模，其計畫是：安裝紗機
7.5 萬錠，布機 1000 臺，日染布 2000 匹的染機全套，麻紡機
3000 錠，並自裝 4000 千瓦發電機一組，該廠於一九四四年就與
信昌等洋行訂了合同。申新第四紡織廠對復工所用機器早有準
備，戰時即向英國訂購斯莫萊紗機 2 萬錠。但由於戰時英國實行
鋼鐵管制，戰後又因儘先供給英國及印度各紗廠之需，對於我國
訂貨則不按期交貨，申新第四紡織廠訂購的 2 萬紗錠遲至一九四
八年七月才到廠，十月正式復工，先開出紗機 3200 錠，以後陸
續增加，到一九四九年新中國成立前夕，共開紗機 1.24 萬錠，
復工費用達 231 萬元。

五、其他輕工業的復員

抗日戰爭勝利後，武漢市輕工業恢復與發展比較迅速，呈現
出一時的繁榮景象。此時，商辦工廠如雨後春筍，蓬勃發展。抗
戰以後民族資本開辦的輕工業工廠最早恢復的多為印刷、食品
業。一九四六年登記營業的印刷業一百四十六家，糖果、糕點等
食品業六十九家，捲煙業十四家。隨後，民營的造紙、肥皂、電
池、火柴等工廠相繼復工，西安宇宙煙廠、重慶天倫肥皂廠來漢

26　陳受之：《抗日戰爭時期至解放前夕的申新企業》，中國近代紡織史編
　　輯委員會編《中國近代紡織史研究資料彙編 第 1 輯》，1988 年版，第
　　38 頁。

口設廠。

（一）造紙工業

　　一九四五年十月，湖北省建設廳派員接收日軍遺留下的「武漢制紙株式會社」，擬籌建漢陽造紙廠，一九四六年三月，因財力不足，復工困難而停止籌備，暫留少數人駐廠保管，聽候處理。結果大部分機件，除笨重者外，均被洗劫一空。同年十月，商人容盧舟、鄧海珊、鄧北超集合資法幣八億元，用「華中造紙股份有限公司籌備處」的名義，向湖北省政府承租。一九四七年十月開始生產，定名為華中造紙廠。有職工四十四人，以當地和收購各省的廢紙為原料，生產古琴臺牌、月湖牌等機制土紙和各色包裝紙。由於造紙原料的來源不穩定，導致生產時斷時續。

（二）煙草工業

　　抗戰以前，武漢為全國輸出煙葉量最多的地區，據一九二九年有關統計，占全國煙葉輸出量的半數。一九二一年、一九二四年英美煙草公司與南洋兄弟煙草公司先後在漢設廠，截至抗戰前夕，武漢捲煙工業為上述兩廠規模最大。

　　抗日戰爭勝利後，南洋煙草總公

・「三星」牌香煙商標由漢陽吳恆昌煙廠吳正昶於一九四七年六月申請註冊

司派員會同經濟部接收漢口分公司和煙廠，經整頓後，一九四六年三月十四日恢復生產，工人 79 人，捲煙機 20 部，切絲機 12 部，烘煙機 2 部，小盒機 10 部，磨刀機 3 部，裁紙機 1 部。四月開始營業，經理徐承熙，資本總額 1125 萬元。初開工時，僅開動一部捲煙機，試生產 10 支和 20 支裝小長城，在武漢三鎮銷售，同年五月，產煙 108 大箱。至七八月份，逐漸增開多部機器，增加生產 20 支裝千秋牌煙，產量增長。一九四六年全年產銷量 4641 大箱，交易額累計 24.9382 億法幣。一九四七年年生產量增至 1.22 萬箱。

戰後，重慶的「華福」、貴州的「南明」等煙草公司紛紛來武漢設立制煙廠。華福煙廠系重慶華福捲煙公司在漢口設立的分廠，廠址在礄口國瑞巷 7 號，廠房租用原德信堆疊倉庫，一九四六年九月開業，投資總額為國幣 2000 萬元。董事長為蘇、浙、皖三省統稅局局長盛頻臣，總經理柳菊蓀曾留學美國，回國後歷任清華、北大法學院教授，財政部省區稅務局長等職。當時漢口廠有男工 80 餘人，女工 120 人。有大型捲煙機 8 臺，其中美制機 2 臺。主要生產「華福」、「六六六」、「喜臨門」、「紅運來」等品牌捲煙，華福煙銷往重慶，六六六煙銷往湘、鄂等地，日產捲煙二十七八箱。「興漢」「寶龍」等本地中、小型煙廠如雨後春筍，競相設立。據戰後兩年對捲煙工業的統計，就產量與工人的規模而言，不及戰前十分之一；就廠數而論，則比戰前超過若干倍。一九四六年十二月十六日漢口市機制捲煙工業同業公會成立，有會員廠 14 戶；一九四七年漢口煙草行業共有工廠 27 家；到一九四八年，武漢的中小煙廠已達三十四家。

·抗戰勝利後，宋子文控制及壟斷經營著漢口既濟水電公司、南洋兄弟煙草公司

戰後，武漢地區生產的捲煙品牌猛增至近百種，多為中低檔煙，無甲級產品。除南洋漢口煙廠的「長城」「千秋」「茶花」「金斧」等品牌保持不變外，其餘絕大部分生命週期都很短。

捲煙業已成為武漢貨物稅最大的稅源，日益受到政府的重視。一九四六年漢口貨物稅收入中，捲煙業占到 40％，棉紗 30％，麵粉 10％，酒 10％，其他 10％。[27]

（三）釀造工業

戰後武漢白酒工業生產有所恢復。漢口較大的汾酒槽坊有三十八家（其中漢正街 20 家），資本超過一千萬元的有十六家。頗具名氣的「老天成」槽坊，除在漢口開設祥記、仁記、益記、新記、德記、永記等槽坊外，還在九江、廣州、天津及沙市、宜昌等設有座莊。後因內戰爆發，許多釀酒槽坊因無力支撐而停辦。

（四）食品工業

抗日戰爭勝利後，武漢三鎮的糕點、飲料廠、店都先後恢復

27　湖北工協分會《復員前後的湖北工業（續）》，第 11 頁。

了生產，並擴充了經營範圍，增加生產，還出現了一批新開業的糕點、糖果廠店，如天香村、小蘇州、振興、新香港、新陽泰、九如齋等。至一九四九年，武漢小食品及飲料廠店有一百五十三家，此時食品工業無論在生產規模、產品、銷售方面，都比二十世紀初期大有發展。其中，頗具規模廠店有十一家，主要產品有西點、餅乾、俄式糕點、冰棒等。

新香港食品廠創建於一九四六年，由老明記食品店的副經理陳進卿在江漢路開設，自任經理，生產糕點、糖果。新香港每天只生產百把斤糖果和幾十斤麵粉的食品，產品連商標也沒有，在包裝紙上只印個廠名。國民黨政權行將崩潰，市場通貨膨脹，法幣、金圓券貶值，上下爭利，大魚吃小魚，因此新香港和其他食品店一樣，稍有不慎，隨時有倒閉之危。陳進卿在此情況下，千方百計，慘澹經營，他用高薪聘請田德義當糖果師傅，同時又招收學徒，請臨時工，以充實生產力量，結果不僅渡過難關，而且得到發展。到一九四九年，新香港從業人員達十七人（不包括臨時工），資金達到舊幣一千三百萬元。此時的新香港，花色品種較多，經營範圍由自產自銷擴大到兼做批發，一九四九年產值折合人民幣十六點八萬元，新中國成立後改為武漢糖果廠。

（五）日用化學工業

抗戰勝利後，武漢市肥皂工業得到短暫恢復與發展。相繼恢復肥皂生產的有祥泰、漢昌、天倫、裕民、華盛興、金城、南洋、明星、裕成、華中、柏林、民生十二家肥皂廠。新開辦的肥皂廠有祥昌俊、榮茂發記、復興、其昌、新生、美華、金華、亞

光、德華、豫昌、大中國、利民、天津、同昶、中一十五家。其中，生產規模最大的是漢昌肥皂廠，資本為二億元，各類肥皂年產量可達十萬箱。天倫肥皂廠次之，資本三千萬元，肥皂年產量可達六萬箱。

一九四五年抗日戰爭炮火剛停，陳經佘就積極籌備漢昌化學工業無限公司復業。他用五百三十三萬元贖回原廠房，尋回了被日本侵略者盜賣的設備，將義順成歷年積累的資金、美鈔、港票和投資其他工廠的股票、上海囤積的物資全部變賣，連同原有的廠房、機器設備共籌集國民黨政府法幣四億元，仍聘翁榮炳任廠長。一九四六年四月，開始手工生產肥皂。一九四七年四月，將抗戰前在上海購置倖存下來的全套製皂機械設備運抵武漢，安裝投產成功，從此結束了手工工廠的歷史，進入了機器生產的新階段。漢昌資本中，廠房、設備占一點五億元，流動資金僅二點五億元，周轉很困難。陳經佘在工商界很有聲望，得到湖北金融界大力支持，四十九家銀行、錢莊與漢昌建有借貸關係，其中，僅交通銀行一九四七年就貸款十億餘元，一九四八年貸款增至七十億元。巨額貸款使漢昌在國民黨政府通貨膨脹的衝擊下，不僅沒沉淪，反獲高額利潤，一九四七年盈利十九億多元。一九四八年五月，漢昌資本由四億元擴大至四十億元，年產量由一九一五年的二萬箱提高到十餘萬箱，創歷史最高水準。

一九四七年，漢口「五洋商」劉福昌號的老闆劉南陔，與原燧華火柴廠老闆李紫雲之子李薦廷、李揆廷合資十億元，利用原燧華廠址，開辦燧華新記火柴廠。李薦廷擔任董事長，李揆廷任總經理，劉南陔任經理，該廠於同年春開工生產，開工時有職工

兩百餘人，排梗機八部，日產量約六十簍，時開時停，生產很不正常。

一九四六年漢口的化妝品生產作坊全部恢復營業。其中，老馬入和花粉店資本增至五千銀元；全記戴春林花粉店因合夥者退出成為獨資經營店，其經理由張士珍擔任。一九四七年以後，由於貨幣貶值，苛捐雜稅增多，使得全靠手工製作、量小而利微的化妝用品生產作坊紛紛停產或轉產。

（六）印刷工業

一九四五年，日軍投降後，湖北印書館隨省府回遷，翌年，易名為湖北民生印刷公司。「武漢」「國光」「中華」等印刷廠也相繼從西南遷回漢口。一九四六年，武漢地區經過登記的民辦印刷業有一百四十六家，加上為政府機關服務的印刷廠家，總共有一百九十家，各種工作機六百八十臺，鉛字三十三萬磅，從業人數約六千六百人，日均排字五十萬字，日均印刷一百七十萬張，較之戰前的一九三七年，仍相距甚遠。印刷品為紙製品，主要承印商品包裝封皮、廣告、紙票、名片以及書刊、報紙等。

（七）建築材料工業

磚瓦業戰後復員並不順利。漢陽恆太、和興、富源、裕記、阜成等廠財產，淪陷期間與敵產混淆，被省有關機構凍結清查，至一九四七年才漸次開工。省建設廳與恆太公司續訂官磚廠租營合同，又以產權關係不明為由控制裕記廠。因戰後社會需求一度高漲，又有和人、漢光、宇成、裕民、洪源、永建、同興、有

恆、漢江九家磚瓦廠在漢新開。

戰後，民營工業一度恢復，但好景不長。國民政府官僚借接收為名大肆劫收，致使武漢民營工業遭受嚴重打擊和削弱，美貨傾銷更使武漢民營工業大量破產。一九四六年底，大小煙廠關閉90％，大小棉織工廠關閉75％，染織廠在一九四六年十月有三百多家，一月之內關閉二百家。一九四七年九月，武漢只有四百五十九家工廠，職工 23863 人。由於工廠倒閉，從重慶等地復員回武漢的工人、職員大量失業。一九四六年，漢口市失業者有31393 人，占工人總數 124704 人的 25.17％。

第三節 ▶ 武漢工業的普遍衰落

一、外企返漢與美貨傾銷

一九四五年抗戰勝利後，除英美洋行得以保留外，其餘幾乎陷於停業。一九四九年五月武漢解放時，計有洋行三十八家。如下表：

表 9-2

行業	企業數	企業名稱
進出口商	5	英商太古公司、怡和公司、安利英公司、平和公司，法商永興洋行
石油進口商	3	美商美孚公司、德士古公司，英商亞細亞公司
銀行業	3	英商滙豐銀行、麥加利銀行，法商東方匯理銀行

行業	企業數	企業名稱
保險業	1	美商美亞代理保險公司
棉花打包廠	3	英商平和公司、隆茂公司、漢口打包公司（中英合股）
蛋加工廠	2	英商和記蛋廠、培林蛋廠
捲煙業	1	英商頤中煙草公司
腸衣廠	1	瑞商德昌公司
汽水廠	1	英商贊育汽水廠
製冰廠	1	漢口製冰廠（中英合股）
洋鹼化學品進口商	1	英商蔔內門公司
專辦土產出口商	1	美商石利洛洋行
西菜館	2	蘇商邦可西菜社、美宜琦西菜社
旅館	1	波商漢口飯店
花園兼舞廳商	1	葡商天星花園
影片商	1	美商米高梅漢口分公司
奶品商	1	瑞商雀巢奶品公司
百貨店	2	蘇商巴黎洋行，印商沙多生洋行
汽車機器修理	2	德商漢口機器機械修理廠、民豐機器汽車修理廠
拍賣行	2	漢口拍賣公司（無國籍），博愛拍賣行
地產公司	1	比商義品地產公司
印刷所	1	中國基督教聖教書會
書局	1	信義書局

注：資料來源，《漢口租界志》編纂委員會編《漢口租界志》，武漢出版社，2003 年版，第 124 頁。

抗戰勝利後，頤中煙草公司收回漢口制煙廠，試圖恢復生

產。一九四八年從天津運來新捲煙機五部，加上日丸三公司交還的共籌集到十部機器設備。但終因元氣大傷，一時難以恢復，又值美煙大量進口，加上國共內戰影響，在收回生產一個月後即告終止。

據一九四九年《武漢概況》記載，武漢有蛋廠十一家，其中外國經營的蛋廠有五家，分別為英國和記、美國慎昌、法國公興、比利時瑞興、日本煊記。在漢的美國洋行、公司數量雖不多，卻有不少占行業壟斷地位，如美孚石油公司、德士古公司、美亞保險公司等。

第二次世界大戰結束後，美國成為國際資本主義經濟體系中的霸主。在戰時發展形成了巨大的生產力，工農業產品遠遠超過了國內市場的需求，亟需在國際上尋找出路。抗戰勝利後，在對中國援助的名義下，這些剩餘物資大量傾銷到中國，力求「保證美國的經濟利益在中國方面的擴大」。抗戰勝利後數年裡，在中國市場上傾銷的美貨幾乎遍及各行各業，在所有進口商品中占了壓倒性的優勢。抗日戰爭以前，美國商品輸華占中國商品進口總額不到 20％，抗戰勝利後迅速上升到 57.2％，其中尚不包括美國以「援華」名義輸入的剩餘物資（約有 2.3 億美元），主要品種有糧食、石油、原棉、藥品、食品、農藥、化肥、煤炭等。一九四六年十一月《中美友好通商航海商約》簽訂，憑藉條約的片面特權，美國商品和資本直接深入到中國內地。翌年十月簽訂的《中美國際關稅與貿易一般協定》，對美國最主要的一百一十種輸華商品大幅度地減低了關稅，美貨輸華更加毫無阻攔。美貨傾銷氾濫成災，對戰後武漢工業來說無疑是雪上加霜，除了個別行

‧「地球」牌果子露商標由漢口大新食品製造廠

業外，絕大部分行業都遭到了美貨傾銷的沉痛打擊，當時的情況是「抗日戰爭勝利的爆竹一響，工廠就一個接著一個倒閉了」。一九四七年一至十一月，美國輸入武漢地區的「救濟」面粉多達八萬餘噸，廉價美國面粉充斥武漢，使武漢麵粉加工業陷入絕境。造紙業也遭受舶來品的沖擊。一九四八年漢口進口紙張貨值 6627 億元，專營進口紙張業務的商店多達十家，民族資本承租開辦的華中造紙廠，只能生產衛生紙和包裝紙，無力與進口紙張競爭。武漢很多商店，都是美國的商品，甚至武漢國貨公司也是美貨氾濫，引人注目的是漢口交塗恆中於一九四七年七月申請註冊通路，無一處不是美國的剩餘物資，從吃的罐頭、糖果、香煙，到穿的襪子、褲帶。這樣一來，很多工廠被擠垮了。

二、幣制改革、通貨膨脹與經濟困境

國共內戰，不僅摧毀了脆弱的國民經濟，而且導致了嚴重的通貨膨脹與貨幣危機。在不到兩年的時間裡，國民政府增加了將近十七倍的法幣發行量，導致法幣急劇貶值、物價不斷上漲。面

對日益惡化的經濟形勢，國民政府當局企圖以「改革幣制」的辦法挽救政治、經濟危機。一九四七年十二月，在面額一百元的法幣失去使用價值之後，開始發行面額為 1000 元、2000 元、5000 元的關金券；而到了一九四八年初，面額 500 元、2000 元的法幣又都變成了「小鈔」，甚至武漢市面上出現了大額鈔票收換「小鈔」的貼水現象。儘管國民政府在武漢的金融機構如漢口中央銀行和漢口金融管理局等先後發出佈告，制定與「幣值改革」配套的具體的換「小鈔」辦法，但是，由於市民對法幣的信心喪失殆盡，使得這些措施無濟於事。相反，這些措施加速了法幣的進一步崩潰。到了一九四八年七月，為了應對不斷飆漲的物價，漢口中央銀行更接連發出面額 1 萬元和 2.5 萬元的關金券，其中，僅十九至二十一日三天就發出大鈔 3 萬億元。這徹底摧毀了人們對國民政府的貨幣信任，導致市場更加混亂。與一九三七年六月相比，截至一九四八年八月法幣發行量增長 43 萬倍，而同期武漢的物價上漲 424 萬倍。物價狂漲，法幣失去信用，人們拿到法幣轉手就搶購物資和黃金白銀。據記載，一九四八年七月二十二日，1 枚銀元價值法幣 450 萬元，比年初上漲 50.7 倍；米價每石法幣 4800 萬元，比年初上漲 52.3 倍。在一九四八年七月中旬至八月中旬一個月的時間中，漢口的黃金價格就由每兩 2 億元突破到每兩 6 億元，銀元由每枚 230 萬元漲至 610 萬元，法幣貶值呈現加速度趨勢。至一九四八年八月十九日法幣徹底崩潰。一九四八年三月，國民政府頒佈《金圓券發行辦法》《人民所有金銀外幣處理辦法》等法令，宣佈：廢止法幣，發行金圓券，發行總額為 20 億元；金圓券與法幣的比價是 1：300 萬，限期收兌，

禁止黃金白銀、銀幣流通、買賣或持有，限期兌換金圓券，黃金每兩（16 兩制，下同）兌金圓券 200 元，白銀每兩兌金圓券 3 元，銀元每枚兌金圓券 2 元。至一九四八年十月底，中央銀行漢口分行在漢共收兌黃金 73614 兩、白銀551882 兩，銀元 520 多萬枚。由於金圓券的超量發行，物價持續上漲，湖北各地相繼出現搶購商品風潮。

一九四五年十月四至八日接連五天，武漢各大商店都被搶購一空，甚至連口紅、香粉、香水等奢侈品都告缺貨。金銀也成了市民爭購的對象，黑市金價高出官價五成，銀元價高出官價七成，銀樓的金銀照官價只有賣出而收不進來，十月七日後不得不停止門市交易。一九四八年十一月十二日，國民政府公佈《修正金圓券發行辦法》《修正人民所有金銀外幣處理辦法》，宣佈金圓券貶值 80%，准許人民持有金銀外幣，黃金、白銀價格提高 4 倍。同時規定，人民用金圓券兌換金銀時，必須同時存儲與所兌金銀同價的金圓券，實際等於 2000 元金圓券兌黃金 1 兩，30 元金圓券兌白銀 1 兩，20 元金圓券兌銀元 1 枚。十一月二十二日開始兌換後又出現擠兌金銀風潮。十二月二日，中國農民銀行漢口分行門口被 800 多人包圍。三日，千餘人向中央銀行漢口分行擠兌。八日，竟達 5000 餘人，混亂中，1 人被打死，七人被打傷、踩傷，銀行被迫停業一天。十二月二十三日，國民政府宣佈停兌。至此，漢口市共兌出銀元 106 萬餘元，兌出黃金 6116.9 兩，收回金圓券（包括存款）約 3353 萬元。

金圓券面額，初發行最高面值為 100 元，隨著貨幣貶值，5 萬元、10 萬元面額金圓券問世。一些商店又開始拒收 100 元和

・一九四八年九月，《新湖北日報》報導武漢物價飛漲，百姓叫苦連天

500 元面值的金圓券「小鈔」，其貶值速度比法幣更快。一九四八年十一月五日的一個星期，武昌市米價就上漲 1.4 倍，豬肉漲價 1.7 倍，麻油漲價 2 倍，鹽漲價 2.1 倍，煤球漲價 1.8 倍，陰丹士林布漲價 1.7 倍。一九四八年十二月，金圓券發行額達 83.2 億元。一九四九年一月五日，漢口二機米每石售價 1300 元，五月五日竟達 52000000 元的天文數字。4 個月上漲 4 萬倍，市民「談米色變」。

在此境遇下，民營工業處於日益艱難的境地，開工生產不如囤積物資有利可圖，大部分工廠停工減產，轉向商業投機，武漢市工廠用電不到戰前的 68％。臨近新中國成立時，武漢三鎮又有一部分資本家抽走資金、轉移設備，使得工廠陷於癱瘓，二十五家公營工廠有十四家停工。私營工廠陷於極端困難境地，武昌第一紗廠、裕華紗廠、震寰紗廠和申新紗廠抗戰前擁有 20.7 萬紗錠，新中國成立時只 14.5 萬枚，實際運轉的紗錠只有 2.57 萬

枚；麵粉廠開工率只有 50％；二十四戶捲煙廠間斷開工的只有
十戶。到一九四九年，武漢全市工業固定資產僅有七千萬元，產
值為一萬九千七百六十六萬元。殘存下來的為數不多的工廠中，
職工在三十人以上的工廠僅二百六十家，而且設備陳舊、資金短
缺，開工嚴重不足，大多瀕臨倒閉。一九四九年一月十五日，武
漢機器工業二百餘廠家因無原料停業，六千多工人失業；二十二
日，漢口三十家麵粉廠無原料加工停業；二月十二日，漢口勝
新、復興、五豐等大麵粉廠停 產；四月十四日，武漢地區八十
五家米廠停工；五月十日，武漢工商業全面歇業。

三、通貨膨脹下的重工業

（一）冶金工業

　　抗日戰爭勝利後，國民黨政府派員接收了漢陽鐵廠殘存的廠
房和日本製鐵會社漢口事務所、大冶礦務所，成立漢陽鐵廠保管
處，計議用「美援」在武漢重建鋼鐵廠，但至武漢解放前夕，漢
陽鐵廠舊址依然一片廢墟。

（二）機械工業

　　復員後，機器業業務蕭條，經營虧損，工廠難以支撐，有些
廠只得分解，化大為小，自謀出路，致使機器業同業公會會員廠
由一九四七年的二百六十七家增至一九四八年的三百八十八家，
資本共計 72256.8 萬元，平均每廠僅 186.2 萬元。這些小廠大都
是租兩三間房子，購些簡單工具，稍大一點的廠也只有幾臺舊式

皮帶車床或少量工具機，
靠收集舊配件和原材料維
持簡單生產。多數工廠學
徒多於工人，短工多於長
工，有的經理既做監工，
又搞生產。一九四八年
後，機器訂戶大為減少，
只有少量訂貨，在收訂貨

．等待施粥的漢口饑民

款後也往往延期交貨。鋼材、生鐵、熟鐵等原材料，過去靠重慶
供應，戰後各大鋼廠停工，乃向上海採購，但多系舶來品，且到
貨甚少。當時貨幣不斷貶值，原材料價格猛漲，工廠每承制一批
機器，即發生一次虧損。一九四九年一月，機器業同業公會三百
五十八家會員廠中停業的達二百餘家，原有工人七千餘人，經解
雇僅剩一千餘人，四月，三北、民生、漢渝、公記、梁恆記、冠
昌、喬興發、周永泰、精益等三十六家較大機器廠停工。周恆順
機器廠從一月起，僅留職員和工人各一名照看廠房設備。

（三）電力工業

　　抗戰勝利以後，隨著大量人口返漢和工業生產逐漸恢復，用
電量相應增加，電力工業一度復蘇。然而，這種劫後復興的勢頭
很快又被國民黨當局發動的全面內戰所破滅。社會經濟崩潰，物
價上漲，人民處於水深火熱之中，電力經營再度陷入困境。武
昌、漢口較大電廠也因虧損嚴重而處於進退維谷之中。

　　一九四七年，漢口、武昌電業分別由既濟水電公司和鄂南電

力公司經營，兩地配電網又重新分割運行，其規模不及戰前。一九四八年武漢市公用電廠裝機容量 19250 千瓦（其中既濟 18250 千瓦，鄂南 1000 千瓦），年發電量 7126 萬千瓦時（其中既濟 6603 萬千瓦・時，鄂南 523 萬千瓦・時），僅為一九三七年的 80％。

一九四八年，全市公用電廠售電量合計為 4919.51 萬千瓦・時，其中電燈用電占 52.01％，動力用電占 28％，制水用電占 19.83％。據鄂南電力公司一九四八年對電力用戶的統計調查，武漢市較大工業電力用戶主要有：漢陽五豐麵粉廠、漢口製冰廠、勝新麵粉廠、金龍永記麵粉廠、平漢鐵路機廠、勝新豐記麵粉廠、福新麵粉廠、聯勤總部武漢被服總廠彈棉廠、第一紗廠、兵工署第十一工廠等。

一九四七至一九四八年，既濟水電公司修復已損壞的 1500 千瓦發電機 2 臺、1000 千瓦發電機 1 臺，同時在水廠發電所內增裝 2 臺發電機組，共 4500 千瓦。至一九四八年底，除已經拆除停用的機組外，該公司發電設備容量為 18250 千瓦，當年發電量 6603 萬千瓦・時，尚不及戰前一九三六年的水準。一九四八年武昌發電所發電設備容量為 1000 千瓦，發電量為 448 萬千瓦・時，一九四九年第二期工程投產發電後，總容量增為 3500 千瓦，發電量卻急劇下降為 375 萬千瓦・時。抗戰勝利後成立的漢陽虹強電器公司一九四八年時發電設備容量僅為 30 千瓦，發電量微乎其微。供電品質也堪憂，電壓品質低劣。一九四八年既濟水電公司調查二十六個重要配電站，電壓奇低，燈光如豆。同年武昌 2300 伏發電機出口電壓低至 1100 伏，大多數 220 伏使用

者的電壓只有 120 伏左右。竊電現象也普遍存在，特別是軍人專橫，私接強用，稽查人員被其毆打致傷之事屢有發生。據有關統計，一九四六至一九四八年，漢口地區供電損失率為 29％-37％，武昌地區為 25.95％-40.88％。軍警機關多數不按期繳納電費，漢口市政府及附屬機構一九四五年十月至一九四七年五月共積欠水電費 2.28 億元。惡性通貨膨脹下，物價暴漲，欠費難收，虧損極為嚴重。一九四八年八月政府實行幣制改革，發行金圓券。既濟水電公司從九月份起改按金圓券收費：第一級10 千瓦時以內每千瓦‧時 0.08 元；第二級 11-30 千瓦時每千瓦‧時 0.10 元；第三級 31 千瓦時以上每千瓦‧時 0.14 元。到十二月上述各級電價每千瓦時已分別漲到 2.30 元、3.30 元、4.70 元，上漲幅度極為驚人。由於物價猛漲，紙幣日益貶值，營業難以維持。既濟水電公司經核准自一九四九年二月下半月起改收銀元，五月更拒收各商業銀行本票、支票，華中軍政長官公署竟致函漢口市政府要求制止，以安定金融局面。[28] 一九四八年，既濟水電公司燃料接濟困難，奉市政府令准，自二月十五日起每日九至十七時全市一律停供日電。當即遭到工業界反對，並於十六日召集各同業公會負責人會議，選出代表三十餘人，赴武漢行轅、市政府、市參議會請願。武漢行轅於十八日召集會議，為便利電力用

28　《華中軍政長官公署關於禁止拒收銀行本票支票，維持市面致漢口市政府的代電》，武漢檔案館編《武漢解放》，武漢出版社，1996 年版，第 10 頁。

戶起見，決定自二十一日起，停供日電的時間改為十至十八時，動力用戶用電時間為二十三時至次日十時，每日十八至二十三時為供電燈用電時間，絕對禁止動力用電。直到四月十二日才恢復全市日夜用電。是年七月，因京滬配煤斷絕，湘煤因水枯運量銳減，電量供不應求，經市政府會議決定：一般區域使用者每日二十四時至次日十二時停止用電；報館區用戶每日九至十八時停止用電；動力用電時間為十二至十八時，十八時以後禁止動力用電。

正如一九四八年一月出版的朱大經著《十年來之中國經濟》所述：「現在工業中之最不景氣者當為電業。欲停止營業，政府以公用事業，關係地方，不予許可。欲整理擴充，股東以危難時期，不肯投資。請救濟物資，則來源有限，未免粥少僧多。請貼補虧損，政府以財政困難，不遑兼顧。加以軍警機關強用電流，不付電費……劫後殘餘之電業其何以堪。」[29] 這種狀況一直延續到 1949 年武漢解放。

四、通貨膨脹下的輕工業

隨著內戰的爆發，交通受阻，原料來源日益縮小，通貨惡性膨脹，遂使輕工業嚴重萎縮，生產呈直線下降。據《經濟週報》一九四八年一月調查武漢三鎮卷煙、肥皂、印刷三個行業狀況

29　湖北省地方志編纂委員會編《湖北省志‧工業志稿‧電力》，人民出版社，1993 年版，第 3 頁。

稱：「本市向為全國製造肥皂中心，正常時月產二十五萬箱，行銷全國，遠及南洋、香港等地，近因原料來源斷絕……銷路也被陷於市區。是以榮茂、同昶、新昌、復興、南洋、天祥、中一等廠均相繼停工；最大的天倫、同昌、祥太等廠亦陷入半停滯狀態。」30 其他如煉油、印刷等業也都面臨困難。輕工各行業的設備利用率僅為 30%-40%，捲煙行業 85% 的企業停工。主要輕工產品的產量遠低於抗日戰爭前一九三六年的水準。

（一）紡織工業

國民政府發行金圓券後，嚴令各貨均需依照一九四八年八月十九日之市價出售，不得提高，使紗廠經營更加困難。當時正為農村閒散的時間，紗布走銷不旺，市價特低。而棉花因為供不應求，價格卻又奇高。一九四八年九月十一日，漢口紅球限價為 640 元，而同時中紡掛牌 20 支牧羊為 713 元，梨子為 718 元，當局卻並不過問。政府實行限價後，物價在表面上凍結，但暗地波動卻至為劇烈。原棉黑市價再加上物料、工繳，每包紗成本已超過 2000 元，而漢市仍凍結於 718 元，導致每售紗 1 包，即導致較大虧損。為了避免過分虧折，只能採取以紗易花的方式。裕華鄂廠在困境中努力增開設備，一九四九年產棉紗 9331 件。

30　湖北省地方志編纂委員會編《湖北省志‧工業志稿‧一輕工業》，人民出版社，1994 年版，第 6 頁。

（二）煙草工業

　　隨著國民政府在內戰期間軍事上的失敗，經濟形勢急劇變化，惡性通貨膨脹，原料來源阻隔，行銷滯阻，不久，煙草企業的產銷每況愈下，日益萎縮。宇宙煙廠一九四六年在武漢建分廠，資本雄厚，規模較大，除擁有數臺「新中國」牌捲煙機外，還購進五部新式美制捲煙機，煙葉、卷紙等原材料充足，卻因通貨膨脹、技術工人缺乏等原因遲遲未能開工。一九四八年六月，漢口華福煙廠經營虧損，正式關閉，大部分職工進入宇宙煙廠。同年八月，宇宙煙廠開工。但僅開工八個多月，於武漢解放前夕停工。據《經濟週報》一九四八年十二月調查，武漢三十三家煙廠中，開工生產的僅五家，停工的達二十八家。一九四九年初，南洋兄弟煙草公司漢口分公司及工廠全部停業。一九四九年泰昌、錦昌、任恆昌、胡雙興等煙絲廠（店）成立，主要生產土煙絲，設備簡陋，產量亦有限。

（三）日用化學工業

　　一九四八年，因政局混亂，或資金缺乏，或原材料供應不足，武漢地區肥皂廠處於半停產狀態。武漢地區二十八家肥皂廠（包括湖北省民生實業有限股份公司化工廠），月產肥皂能力九萬箱，開工的只有二十一家，停工的有七家，月產肥皂三點六萬箱，只發揮生產能力 40％。此外，抗日戰爭時期，湖北省非淪陷區先後開辦的十三家肥皂廠，在抗日戰爭結束後，因湖北省政府從恩施縣還治武昌，武漢地區肥皂業又迅速恢復，均相繼轉產或停產。

一九四八年法幣嚴重貶值，燧華新記火柴廠通過股東會議，將原資本十億元升值為六十億元，再按投資比例增資，使資本總額達到一百億元。但因外貨傾銷，內部管理不善，生產形勢仍無好轉，

・一九四七年七月，燧華新記火柴廠申請註冊的「漢口」牌火柴商標

流動資金虧空殆盡，劉退股，李氏兄弟接手整理。一九四九年上半年，整理達半年之久，虧損更重。八月，姚茂青等人與李揆廷簽訂合同，共同管理，得以勉強維持。一九四八年三月，周昌琦、范仲瑜、熊國藻等人，以大昌公司名義，集資十萬銀元，中標接辦漢口火柴廠，立廠名為武漢火柴廠。同年八月開工，時有排梗機四部，大、小刨機三部，職工三百餘人，日產「航空」「吉利」牌火柴四十餘簍，品質、銷路均可。主要原材料氯酸鉀、赤磷、蠟油、紙張等從上海、天津、廣州等地採購；梗支、盒片由該廠自製；木材向本省蒲圻、天門一帶採購；但大部分原材料需從國外進口，成本高，且常因原料缺而中斷生產，到一九四九年五月武漢解放時，其資本虧損殆盡。

第四節 ▶ 白崇禧炸城與工人護城護廠的鬥爭

一、華中「剿總」白崇禧與「總體戰」

一九四七年六月三十日，解放軍劉伯承、鄧小平領導的晉冀魯豫解放軍，在魯南地區強渡黃河。八月上旬，越過隴海線，抵進大別山區建立根據地。大別山橫跨鄂豫皖三省，呈東南向西北走向，海拔一千米左右，連綿數百公里，山區面積幾十萬平方公里，屬於中原腹地，戰略地位非常重要。正如鄧小平所言「大別山是一個戰略上很好的前進的基地。它靠近長江，東面一直頂到南京、上海，西南直迫漢口，是打過長江的重要跳板，敵人時時受到我們的威脅」。[31] 劉鄧大軍千里躍進大別山，對於國民黨統治區，造成了強烈的震動，「在八九月間，皖中名城迭陷，烽火幾乎燒到江邊。鄂東三黃全陷，九江、武穴的江面一度斷航，武漢戒嚴了好多天。這時山東地域的大軍還未回擊，西南的軍隊又遠水不救近火，連首都這個神經中樞，都動盪不寧起來」[32]。蔣介石為了解除對南京的威脅，於十一月成立「國防部九江指揮所」，由國防委員會主任委員兼國防部長白崇禧兼任九江指揮所主任。一九四八年三月，蔣介石召集九省「綏靖」會議，決定成立華中「綏靖」公署，會上通過了白崇禧制定的「總體戰」方

---

31 《鄧小平軍事文集》第 2 卷，軍事科學出版社中央文獻出版社，2004 年版，第 93-94 頁。

32 特約記者《政治年度總結帳》，《觀察》第 3 卷第 16 期，1947 年 12 月 13 日。

案，以挽救國民黨軍在戰場上連連失利的敗局。

　　「總體戰」最早由德國軍事家魯登道夫提出，即在國家生活的各個方面在平時應服從戰爭準備的需要，在戰爭中可採取一切極其野蠻的手段。白崇禧對魯登道夫的總體戰學說極為欣賞。抗戰爆發後，白崇禧在《全面抗戰與全面戰術》中提出所謂的「總體戰」，但當時並未引起蔣介石的重視。國共內戰爆發後，針對當時的戰爭形勢，白崇禧重提其「總體戰」戰略。一九四七年秋，白崇禧在南京主持國防部作戰會議，研究「總體戰」作戰方案，而這一作戰方案是「根據中國共產黨軍隊的作戰特點」提出的，作戰的主要地點是在富庶的華中地區。所謂「總體戰」，其精神實質是：「使軍事政治經濟密切配合成整個的戰鬥體，以軍事力量掩護政治經濟，然後以政治經濟力量配合軍事。」[33] 在軍事方面，建立「綏靖」區，實行黨政軍一體化領導，實現正規軍、民團、民眾自衛武裝協同作戰；在政治方面，強化保甲制度，健全基層組織，最重要的是基層幹部嚴密控制民眾；在經濟方面，推行民生主義，實行土地改革，控制糧食和軍事物資，強化對解放區的經濟封鎖；在思想方面，強化思想宣傳，「對違反戡亂國策之宣傳，各級軍政機關應嚴格取締」。並以澄清吏治，整飭軍紀，「改善民生」「三一繳租，限制地額」「戰士授田」

33　《白兼總司令訓詞》，1948 年 12 月 1 日，《華中「剿匪」總司令部政務委員會總體戰實施檢討會議決議案》，轉引自皮明庥、塗文學著《武漢通史・中華民國卷（上）》，武漢出版社，2006 年版，第 411 頁。

等號召收攬人心。

一九四八年六月，「國防部九江指揮所」改為「華中剿匪總司令部」，由九江遷往漢口，駐三元里，二十八日，白崇禧正式就任華中「剿總」總司令。一九四九年四月後，「華中剿匪總司令部」改為「華中軍政長官公署」，指揮長江防衛。華中軍政長官公署在武漢易手後，撤至湖南、廣西，後因所屬部隊於廣西損失過大而撤銷。白崇禧控制安徽、河南為前進據點，湖北為大本營，湖南、廣西為大後方，企圖長期盤踞華中，更以此為基礎，力圖擴充發展。

二、反搬遷、反破壞

一九四八年九月至一九四九年初，中國人民解放戰爭取得遼沈、淮海、平津三大戰役勝利，國民黨軍隊的主力基本被消滅，加速了全國革命的勝利進程，武漢已出現解放的曙光。白崇禧從武漢撤退的想法，早在淮海戰役時即已萌生。白崇禧察覺國民黨大勢已去，武漢不易防守，於是，在實施「備戰謀和」策略的同時，又做所謂「應變」的準備，目的在緊縮機構，遷移備戰。一面成立武漢疏散委員會，嚴令各機關、工廠、院校、銀行緊急撤退，一面以「副秣差額費」「敵偽房屋獎券」「珠寶獎券」「城防工事稅」等繁多名目，掠奪走大量黃金白銀、棉紗布匹、汽油桐油、酒精藥品等物資。據當時報紙揭露，國民黨中央銀行將搜刮的金銀分三批由空軍偷運出武漢，共運走黃金六十箱，白銀五

十多萬兩，銀元四百餘萬元。[34] 尤其是「副秣差額費」迫使許多工商業者紛紛歇業。如一九四九年四月十四日，市政府通知武漢工商各業繳納國軍副秣差額，自數百元至數萬元不等，但繳齊限期只有一天，逾期五天罰十分之五，逾期十天罰十分之十。因時間緊迫，款項無法收齊，而且因為國共內戰，交通阻隔，民眾購買力薄弱，許多行業已停業，實在無力負擔，遂推舉工商業界代表齊集商會後赴市政府申訴，請求延長期限並減低款額。[35] 巨額軍費攤派使中小工商企業不堪重負，紛紛破產。對於工商業者則采深夜突擊檢查方式，攜入毒品或解放軍進城約法八章，誣以「販毒」與勾結「匪諜」罪名，搜刮勒詐，並不許聲張。[36]

　　隨著國民黨長江防線的大潰敗與解放戰爭的節節勝利，國民政府在進行撤退準備的同時，也開展了大規模的工廠搬遷與破壞城市活動。一九四九年四月，華中軍政長官公署命令漢口船隻移泊武昌，江岸機車、車輛、器材、設備搬遷至武昌；五月上旬，白崇禧指示經濟處長孟學思召集武漢市工業化負責人開會，聲稱要將武昌第一紗廠遷至桂林；命令武漢市電信局拆遷，通訊器材

34　武漢市總工會工運史研究室編《武漢工人運動史 1863-1949》，武漢出版社，2012 年版，第 231 頁。

35　《漢口市商會理事長程子菊關於各業無力負擔國軍副秣差額攤派請求寬限減免的呈文》，武漢檔案館編《武漢解放》，武漢出版社，1996 年版，第 9 頁。

36　《中共武漢地下市委關於反遷移、反破壞鬥爭的情況報告》，武漢地方志編纂委員會主編《武漢解放戰爭史料》，武漢出版社，2009 年版，第 390 頁。

南遷。破壞的主要物件是水陸交通工具與設備以及堤防水閘、水電、工廠、電訊局、工業區等。五月十四日，白崇禧親自下令炸毀電廠、水廠、尚未搬遷的工廠，以及電訊、交通、電臺等一切重要設施，甚至要炸毀張公堤、攔江堤和武泰閘，將武漢三鎮變為一片汪洋。

中共武漢市委密切注意白崇禧的動態，及時作出對策。一九四九年二月二十三日，在中共武漢市委第一次全體委員會會議上，決定武漢今後的工作總方針是「更加積極地有重點地建立、加強與擴大群眾中的核心組織，團結各階層……有計劃地完成接管城市的各項工作，爭取徹底解放」。[37]

四月十九日，中共武漢市市委書記曾惇根據中共中央上海局的指示精神，在市委第二次全體委員會議上作《為保護城市渡過青黃不接進入接管而鬥爭》的報告，分析了國民黨軍隊撤退並計畫破壞城市，而人民解放軍未抵達前這段青黃不接時期可能出現的困難與問題，確定市委的中心任務是：「加強領導，動員一切有組織的群眾、採取各種有效方法，有重點、有計劃地進行保護城市的各項具體工作，爭取完整地接管。」提出「反搬遷、反破壞、要生存、要安全」的鬥爭口號，鬥爭策略是：一方面「發動基本群眾，通過生活鬥爭的形態」，阻止敵人的遷移破壞；另一方面推動工商名流，通過上層團體出面，制止遷移、破壞、混

37 中共武漢市委黨史辦公室編《中共武漢黨史大事記 1919-1987》，武漢大學出版社，1989 年版，第 188 頁。

亂，保護公私產業。[38] 會議決定在市委統一領導下，組成中共武昌分委，並分設江南、江北兩個指揮部，以便在國民黨軍隊封江分隔時獨立進行工作。隨後，武昌又以鄂南電廠為中心分成 8 個區域進行聯防；漢口以漢口電信局為中心分成三段組織聯防。中共中央中原局城

· 一九四九年武漢電信局工人組織糾察隊護廠，嚴防破壞，迎接武漢解放

工部也派遣地下黨員開展廣泛深入調查研究，編輯《武漢調查》及《武漢調查（補編）》，對順利完成接管發揮了重要作用。地下黨組織接過白崇禧的「應變」口號，利用其模糊性、合法性，組織各階層人士和廣大的工人、市民、職員、學生，反對敵人的搬遷和破壞，進行護廠、護校和保護公共設施的鬥爭。反搬遷運動最先在軍事工業開始。白崇禧下令武漢被服總廠、三十兵工廠、海軍造船廠、武漢船舶修造廠、汽車修配廠等軍事工廠南遷，工人們採取「蘑菇」戰術與之鬥爭。國民黨最先命令武漢被服總廠遷往海南島，工人用消極怠工的辦法抵制搬遷，在拆機器時，白天有敵人監督時就慢慢拆，晚上敵人走後又趕緊裝上，以

38　武漢檔案館編《武漢解放》，武漢出版社，1996 年版，第 40 頁。

拖延拆遷時間。當敵人親自動手拆卸機器裝箱南運時，工人又將機器上的重要部件拆卸下來隱藏好，讓敵人搬走的機器不能用。敵人要三十兵工廠六所搬遷，該所工人在地下黨員的帶領下，進行堅決抵制，一直拖延了兩個多月，才搬到武昌總廠裡來。敵人又要武昌總廠遷拆，工人採取消極怠工的方式抵制，並要求發給加班費、遷移費、安家費和遣散費等，不發就停工，敵人只好退讓，最終全廠絕大部分機器被保存下來。海軍造船廠的工人將車間、倉庫上鎖，貼上封條，並在四周裝上電網，掛上「留心觸電」的牌子，使敵人拆遷、破壞機器設備的陰謀無法得逞。漢陽船舶修造廠是華中修造船艦的重要工廠。白崇禧想把該廠的機器、人員全部遷往長沙和重慶，在城工人員的發動下，反搬遷鬥爭卓有成效，把部分機器、人員留了下來。對於被強行運走的機器設備，城工人員發動工人把關鍵零件收藏起來，並派人跟蹤探明被運走機器的下落，待武漢、長沙解放時，他們設法把機器從長沙運回漢陽，使該廠迅速恢復生產。

中共武漢市委及時總結了這些軍事工廠反搬遷的鬥爭經驗，通過地下黨員和工人骨幹，在全市各工廠宣傳推廣。當敵人對其他大中型廠礦企業下令搬遷時，這些工廠企業的工人採用軍工廠工人的鬥爭辦法，結合本單位情況加以發展，使全市各廠反搬遷的鬥爭取得節節勝利。

武漢紡織工業工人積極投入反搬遷、反破壞的鬥爭中。申新第四紗廠廣大職工在中共地下黨組織的領導下開展了護廠鬥爭。一九四九年一月，申新第四紗廠的資本家要拆下正在運行的一萬多個紗錠，準備搬到香港去，工人堅決不拆。資本家又派六輛卡

車到廠裡搬運還沒使用的整箱機器，工人們將卡車圍個水泄不通，並卸下汽車零件，使汽車無法開動。申新第四紗廠經理厲無咎在中共地下黨員的勸說幫助下，並沒有跟隨李國偉前去香港，而是留在武漢艱難維持申新第四紗廠的生產。經過鬥爭，工廠生產設備基本保存了下來。但由於資本家抽走資金，紗廠僅存二個月的生活費用，原棉只能開六千七百四十六錠紗。武昌一紗廠經理程子菊等人先是用出賣空頭棉紗支票的辦法騙走一筆鉅款，又以「剿總」要棉紗的名義，想將庫存棉紗全部運走，最後企圖將全廠機器運到香港。二千多名工人得知消息後，在廠地下黨支部領導下，成立了保廠委員會和工人糾察隊，日夜進行守衛，輪流守衛工廠和倉庫，堅決不准拆卸機器和運走棉紗，挫敗了資方的搬遷陰謀。解放前夕，裕華紗廠資本家最初也想搬廠到重慶，黨在裕華紗廠發展組織，在工人中建立武漢工人協會、「新武漢建設協會」，並反復向資方宣傳黨的統戰政策和工商政策，讓廠長和經理看了黨的有關保護民族工商業的文件。在中共江漢區黨委天（門）漢（川）城工部的爭取下，裕華武昌廠資本家打消搬遷計畫，支持工人反搬遷、反破壞的護廠鬥爭。工廠勞資雙方合作，組成護廠委員會，廠長黃葆鍔任主任。以護廠委員會的名義號召紗廠、原動部的工人，堅守工作崗位，不停產。既保護了工廠，也保證了工人工資的正常發放。在淮海戰役以後，裕華武昌廠仍堅持復工計畫，將購置的一千一百五十九箱機器運回。在廠房四周架設電網。將躉船鑿沉、輪船轉移隱藏。五月十六日夜間，國民黨潰軍突然襲擊工廠，工廠值班警衛開槍回擊，下班工人和附近居民前來助威。國民黨潰軍見人多勢眾，倉皇撤走。在

廠門外一片混亂之際，廠內車間照常生產。³⁹ 由於黨領導下的這些活動，武漢解放時，裕華紗廠一直沒有停工停產，發電廠照常發電，水上運輸輪船也都保存無恙。這對解放後恢復生產，發展經濟做出了應有的貢獻。

　　一九四九年武漢解放前夕，國民黨政府曾陰謀策劃破壞城市，水廠、電廠被列為重點破壞目標。既濟水電公司中共地下組織在中共武漢市委領導下，團結和領導公司廣大工人群眾，積極爭取技、職人員，同敵人展開了針鋒相對的鬥爭。五月初轉入公開的護廠鬥爭，保全了公司及水廠、電廠的機器設備、器材物資、資金帳目以及文書檔案、技術資料，並爭取公司協理兼總工程師孫保基等掌握企業實權，又有真才實學的工程技術人員和管理人員留下來共同建設人民電業。廣大工人和絕大多數技術人員始終堅守生產崗位，保證了武漢解放時水電的正常供應，對維持社會治安和迅速恢復武漢工商業起了重要作用。鄂南電力公司的工人將一萬一千噸位的大囤船沉入江邊，不讓敵人拖走或炸毀，準備解放後再打撈出來。總經理黃文治在共產黨人江浩然的影響下，把公司槍支交給工人糾察隊使用，並撥光洋二千元作應變費用。工人封閉了配電房，確保安全供電，保證「決不讓水電停一分鐘」。敵兵炸躉船，大門外的高壓線為碎片擊斷，黨員和工人只用半小時就修好了。

39　湖北卷武漢分冊編委會編《資本主義工商業的社會主義改造・湖北卷・武漢分冊》，中共黨史出版社，1991年版，第380頁。

武漢電訊局是武漢地區的通訊樞紐，是國民黨重點遷移和破壞的目標。一九四九年四月，華中軍政長官公署就飭令該局將重要機件儘量趕運到湖南衡陽。工人在得知消息後，把一些破舊機器和廢鐵裝箱釘好，將較輕便的重要機件藏在天花板上面，用偷樑換柱的方法矇騙敵人。五月十五日上午，武漢守備司令部下令「武漢電訊（信）局重要設備著工兵營、通訊營適時予以破壞，免資敵用」[40]。電信局工人們在「誓與機器共存亡」的口號下，在三小時內拆卸全部機料的百分之八十，並把各項車輛設施分散隱藏在電信局內外。電信局工人們一面以金錢疏通通信營長，一面組織防衛組、糾察組、救護組齊集電信局時，發現電信局內工人密集，人眾勢威，防護嚴密，無法下手破壞，只有折回。工人們深恐工兵捲土重來，警戒深夜。中原軍區社會部派劉夢夕做通尤箕照局長的工作，配合中共地下黨開展應變鬥爭保存了通訊設備，正是在全體員工的英勇鬥爭下，武漢電信局的全部機器財產、人員才得以保全，為迎接武漢解放做出了貢獻，為恢復通訊生產創造了條件。

三、保衛城市與迎接武漢解放

在反對遷移、保廠護產鬥爭中，中國共產黨的統一戰線工作發揮了重要作用。在工商界活動的中共地下黨員趙忍安、華煜

40　李良明等著《湖北新民主革命史解放戰爭時期卷》，華中師範大學出版社，2008 年版，第 276 頁。

卿、宋洛等做了大量工作。武漢工商界巨頭李國偉對申新、福新
兩廠是否遷走一時舉棋不定。宋洛先後和李多次接觸交談，使李
下定決心將兩廠留下來不遷走。趙忍安勸說勝新麵粉廠經理趙厚
甫留在武漢。申新、福新、勝新和宗關水廠組織四廠聯防，成立
護廠隊，互相照應。魯道源部爆破隊進駐宗關水廠欲進行破壞
時，護廠隊員與國民黨兵交涉，以二千銀元予以打發，並由四廠
平均分攤。工商業者在保護城市的鬥爭中發揮了重要作用。白崇
禧在撤離前，曾策劃將武漢的民營工廠遷往廣西桂林等地，以充
實自己的實力，由華中軍政長官公署經濟處督促漢口市工業會執
行。工業會主任秘書華煜卿召開理事會，商定採取拖延的辦法進
行抵制，以後又用編制預算需要龐大的經費、車輛交通困難等多種理由拖延時間，使白崇禧的計畫未能實現。

為了迎接武漢解放，策應解放軍入城，秘密戰鬥在武漢各個角落的中共武漢市委、中共中央中原局領導的各城工部，特別是中共江漢區委城工部，進行了廣泛、細緻的統戰工作和個別、深入的策反工作，爭取了一大批中上

‧為武漢和平解放做出貢獻的實業家賀衡夫

層愛國民主人士，瓦解了國民黨的營壘。諸如湖北地方耆宿李書城、張難先，愛國人士耿伯釗、周傑，工商金融界人士陳經畬、賀衡夫、林紹周，學界名流周經生、朱裕璧、馬哲民、陳時等，都與中共地下組織發生聯繫，利用自己的社會地位和影響，掩護中共地下黨員，收集情報，穩定社會秩序，直至面對面地同國民黨作鬥爭，為武漢完整地回到人民手中做出了各自的貢獻。

　　中共武漢地下組織與陳經畬建立聯繫後，充分利用他在漢口開辦的義順油行、回民補習學校和孤兒院，開展地下活動，使之成為中共地下組織和革命人士的隱蔽處、立足點和中轉站，為中共地下組織的恢復和發展做出了特殊的貢獻。抗日戰爭以後，國民黨政府腐敗無能、發動內戰，通貨膨脹，使陳經畬對國民黨政府逐漸喪失信心，寄希望於中國共產黨。陳經畬的兒子陳元直在這一年加入中共地下黨組織，漢昌成為中共地下武漢市委的一個據點。陳元直以漢昌「業務主任」身份作掩護，協助中共地下武漢市委委員劉實和鄧祥等同志，為武漢解放作秘密工作。陳經畬對陳元直搞秘密活動不予干涉，

・武漢解放前夕，參加武漢市臨時救濟委員會、武漢市治安委員會的實業家陳經畬

認為「只要對國家有利就行」，當地下共產黨員被捕時，陳經佘經陳元直請求，不惜重金設法營救。一九四七年、一九四八年，漢昌工人因物價飛漲、生活困難，發生兩次工潮，陳經佘滿足了工人的要求，改為發部分銀元工資。一九四九年武漢解放前夕，陳經佘參加國民黨元老張難先、李書城發起組織的武漢市臨時救濟委員會、武漢市治安委員會，負責維持武漢「真空」時期的治安；他支持工人護廠鬥爭，沒有去香港，沒有抽走資金。在國民黨軍隊撤退前要炸毀車站、碼頭等重要設施時，他挺身而出在工商界籌集鉅款「賄賂」有關人員，使車站、碼頭等重要設施保存下來。一九四六年，趙忍安利用和成銀行經理的合法身份，發起組織了「星五聚餐會」，最初成員是四川幫的銀行界、實業界人士，後來逐步擴大成為有五十多個工商企業廠長、銀行經理參加的社交組織。工商界的一批頭面人物，都成了這個聚餐會的座上客。一九四七年，打入武漢工商界上層的中共地下黨員華煜卿，也發起了「星六聚餐會」，它是武漢工商界上層人士的又一個社交組織。「聚餐會」既是中共地下黨組織廣泛接觸工商界、金融界人士，瞭解其政治傾向的一種主要途徑，又是進行宣傳活動的重要陣地。

武漢的民主黨派，本著「民主協商，和衷共濟」的精神，與中共武漢地下組織互通資訊，協同作戰。一九四九年四月，武漢市民主建國會地下組織秘密印發了《迎接大時代的到來》一文，「希望工商界人士不要聽信國民黨的謠言，不盲從逃跑，維持好工廠、商店正常生產和營業，迎接武漢的解放」。武漢解放日益迫近之際，民盟漢口市支部、民盟湖北省支部和市民建地下組織

的負責人，同張難先、李書城等元老聯繫，在籌建武漢市民臨時救濟委員會保護城市、迎接解放的活動中發揮了重要作用。

一九四九年春，湖北省及漢口市人民和平促進會相繼成立，漢口市工商界有十餘名人士參加。四月二十三日，南京解放後，為防止國民黨軍隊對武漢進行大規模破壞，張難先、李書城等以地方耆宿的身份，聯名給白崇禧寫信，提出有關維持武漢地方秩序的三點要求，賀衡夫出面與五十多名社會知名人士和工商界人士商量，決定利用湖北省政府《應變方案》中所說的，「為適應形勢需要，人民可以組織團體維持自己」的規定，組織「武漢市民臨時救濟委員會」。救濟委員會以張難先為召集人，會址設在漢口市商會內，下設總務、治安、財務、聯絡、服務、交通等組。並成立漢口、武昌、漢陽三個執行處，各處設主任。

救濟委員會成立後，在中共武漢地下市委的領導下，依靠群眾，做好配合保衛水廠、電廠、郵電、車船、碼頭、工廠等重要設施，聯絡維持武漢真空期間治安的武力，儲備糧食以備急需，迎接解放軍進城等項工作。國民黨軍隊撤出武漢時，臨時救濟委員會在街上張貼維持地方治安的通告：「刻下武漢情勢轉變，武漢已成真空地帶……當此非常時期，務望我全體市民同胞，發揮互助精神，竭誠合作，力持鎮靜，各守崗位，各安生業，以期安堵如常。倘有不肖之徒，乘機擾亂，肆意破壞，或殺人放火，或搶劫姦淫，或挾仇報復，定當執行人民公意，立予逮捕，交付嚴

懲。」[41]

在救濟委員會配合下，漢口市商會向各商業同業公會籌集銀元 25000 餘元，漢口市工業會向各大工廠及工業同業公會籌集銀元 9600 餘元。一九四九年五月十五日，工、商兩會負責人，送武漢守備部 7050 元（其中工業會 3000 元，商會 4050 元。內有黃金一兩折合銀元 60 元）。由工、商兩會代表送保警總隊 16300 元。由商會代表送警備司令部稽查處 400 元，送市警察局 3420 元，送市政府工程處 2500 元，送漢口民眾自衛隊 240 元，送武漢輪渡管理處 100 元，以及送水警局、公路局等各若干元，總計付出銀元 30106 元 2 角。另外，工、商兩會購買麵粉 1175 袋，大米 217 石，由市警察局、保警總隊、水警局、孤兒院等領去，漢口平安渡過了真空期間。一九四九年五月十六日清晨，武漢各界代表熱烈歡迎中國人民解放軍進入市內。

武昌方面，在中共地下黨組織的支持下，武昌市商會報經武昌市政府批准，於一九四九年五月十二日組成「武昌市民眾自衛總隊商民大隊」，周家泉（武昌市商會常務理事）為大隊長。領到 79 步槍 108 支，又請湖北省會警察局暫借步槍 150 支。在真空期間，執行站崗巡邏等任務，並與水廠、電廠、電話局等護廠工人聯繫，共同防止匪特破壞。五月十七日晨，部分解放軍渡江，受到武昌人民熱烈歡迎。五月十八日救濟委員會改組為「武

41 《武漢市臨時救濟委員會關於真空時期維持地方治安的通告》，載武漢檔案館編《武漢解放》，武漢出版社，1996 年版，第 33 頁。

漢市臨時治安委員會」繼續工作，至五月二十四日撤銷。

　　人民解放軍進城後，由於後勤供應未跟上，物資運輸有困難，暫向漢口市商會、工業會籌借大米、麵粉、木柴、煤炭、馬料、黃豆等物資，將來還實物或折價還款。漢口市商會、工業會於五月二十一日，邀集各業公會負責人開會，各業當場認借二道機米，由商會開具借條，交軍方分往指定地點提取。其他物資則由商會向各有關單位代借。中原臨時人民政府財政部於一九四九年九月十二日登報通告，指定華中糧食總局與漢口市商會具體商定償還辦法，希望各單位持正式借據，向市商會領取。到九月二十六日已全部還清。

　　自抗戰勝利以來，武漢民營工商業雖然擺脫了日本帝國主義的殖民統治，但繼之而來的是美貨傾銷，國民政府發動內戰，官僚買辦資本的壟斷，以及惡性通貨膨脹的影響，使得基礎本來就很薄弱的民族工業難以得到發展，曇花一現後即面臨空前危機。國民政府潰退武漢時，曾妄圖對工廠強制性地拆遷和大規模地破壞。經過中共地下市委的領導發動，工人掀起反搬遷、反破壞的護廠鬥爭，工商界保衛城市，迎接解放，終於迎來了武漢工業發展的新曙光。

昌明文庫・悅讀歷史　A0604007

武漢近代工業史 第三冊

作　　　者	唐惠虎、李靜霞、張穎
版權策畫	李煥芹
責任編輯	呂玉姍

發 行 人	陳滿銘
總 經 理	梁錦興
總 編 輯	陳滿銘
副總編輯	張晏瑞
編 輯 所	萬卷樓圖書股份有限公司
排　　　版	菩薩蠻數位文化有限公司
印　　　刷	百通科技股份有限公司
封面設計	菩薩蠻數位文化有限公司

出　　　版　昌明文化有限公司

桃園市龜山區中原街 32 號

電話　(02)23216565

發　　　行　萬卷樓圖書股份有限公司

臺北市羅斯福路二段 41 號 6 樓之 3

電話　(02)23216565

傳真　(02)23218698

電郵　SERVICE@WANJUAN.COM.TW

大陸經銷

廈門外圖臺灣書店有限公司

　　電郵 JKB188@188.COM

ISBN 978-986-496-507-6

2019 年 3 月初版

定價：新臺幣 480 元

如何購買本書：

1. 轉帳購書，請透過以下帳戶

　　合作金庫銀行 古亭分行

　　戶名：萬卷樓圖書股份有限公司

　　帳號：0877717092596

2. 網路購書，請透過萬卷樓網站

　　網址 WWW.WANJUAN.COM.TW

大量購書，請直接聯繫我們，將有專人為您

服務。客服：(02)23216565 分機 610

如有缺頁、破損或裝訂錯誤，請寄回更換

國家圖書館出版品預行編目資料

武漢近代工業史　第三冊 / 唐惠虎, 李靜霞,
張穎著.-- 初版.-- 桃園市：昌明文化出版；
臺北市：萬卷樓發行, 2019.03
　冊；　　公分
ISBN 978-986-496-507-6(第 3 冊：平裝). --

1.工業史 2.湖北省武漢市

555.092　　　　　　　　　　　108003229

本著作物經廈門墨客知識產權代理有限公司代理，由湖北人民出版社授權萬卷樓圖書
股份有限公司(臺灣)、大龍樹(廈門)文化傳媒幼獻公司出版、發行中文繁體字版版權。